Cómo
tener éxito
en aceptarse a
SÍ MISMO

D0878396

JOYCE MEYER

CASA
CREACIÓN

Originally published in the U.S.A under the title:
How to Succeed at Being Yourself;
published by Warner Books
Copyright © 1999 by Joyce Meyer
All rights reserved.

Nueva edición en español, Copyright © 2015 por Casa Creación
Todos los derechos reservados

This edition published by arrangement with FaithWords, New York, New York, USA. All rights reserved.

Traducido por: María Bettina López, María Mercedes Pérez y María del C. Fabbri Rojas.
Coordinación, revisión de la traducción y edición: María del C. Fabbri Rojas
Diseño de portada: Vincent Pirozzi
Director de diseño: Justin Evans

Visite la página web de la autora: www.joycemeyer.org

Library of Congress Control Number: 2015935836
ISBN: 978-1-62136-961-5
E-book ISBN: 978-1-62136-960-8

Impreso en los Estados Unidos de América
15 16 17 18 19 * 6 5 4 3 2 1

Contenido

Introducción 9

1 Autoaceptación 15

2 Su autoimagen afecta su futuro 27

3 "¡Estoy bien y voy de camino!" 41

4 ¿Se ha perdido a sí mismo? 55

5 Se requiere confianza 71

6 Ser libre para desarrollar su potencial 81

7 Conocer la diferencia entre "quién" es
y lo que "hace" 99

8 Recibir gracia, favor y misericordia 131

9 Creer y recibir 151

10 De pie por dentro 163

11 La condenación destruye la confianza 191

12 Confiar cuando se ora 219

Conclusión 255

Oración por una relación personal con el Señor 259

Notas finales 261

Acerca de la autora 265

INTRODUCCIÓN

INTRODUCCIÓN

Este libro trata acerca de conocerse a sí mismo, aceptarse a sí mismo y cumplir el destino dispuesto por Dios para usted.

Durante mis años de ministrar a otros, he descubierto que la mayoría de la gente realmente no están satisfechas consigo mismas. Este es un problema realmente grande. Mucho más grande de lo que uno podría pensar inicialmente.

> Entonces Cristo habitará en el corazón de ustedes a medida que confíen en él. Echarán raíces profundas en el amor de Dios, y ellas los mantendrán fuertes.
>
> EFESIOS 3:17, NTV

Si no podemos llevarnos bien con nosotros mismos, no podemos llevarnos bien con otras personas. Cuando nos rechazamos a nosotros mismos, nos puede parecer que otros también nos rechazan. Las relaciones son una parte muy importante de nuestras vidas. El modo en que nos sentimos con nosotros mismos es un factor determinante en nuestro éxito en la vida y en las relaciones.

Cuando estoy cerca de gente que se siente insegura, eso tiende a hacer que también me sienta insegura respecto a ellos. Ciertamente no es la voluntad de Dios para sus hijos que se sientan inseguros. La inseguridad es obra del diablo.

Jesús vino a traer restauración a nuestras vidas.[1] Una de las cosas que Jesús vino a restaurar es una autoimagen saludable, equilibrada.

¿CÓMO SE SIENTE ACERCA DE USTED MISMO?

Nuestra autoimagen es el retrato interior de nosotros mismos que acarreamos. Si lo que vemos no es saludable y acorde a la Escritura, sufriremos de temor, inseguridad y varios tipos de ideas equivocadas acerca de nosotros mismos. Por favor, note que he dicho "*sufriremos*".

Las personas que están inseguras de sí mismas sufren en sus mentes y emociones así como en sus vidas sociales y espirituales. Sé que sufren porque he hablado con miles de ellos. Y también lo sé porque yo misma he sufrido en esa área.

Todavía recuerdo la agonía de estar con gente y sentir que no les gustaba, o querer hacer cosas y no sentirme lo suficientemente libre para salir e intentarlas. Estudiar la Palabra de Dios y recibir su amor y aceptación incondicionales han traído sanidad a mi vida. Y harán lo mismo por usted.

SALVACIÓN DE LA DESTRUCCIÓN

> *Entonces Zaqueo, puesto en pie, dijo al Señor: He aquí, Señor, la mitad de mis bienes doy a los pobres; y si en algo he defraudado a alguno, se lo devuelvo cuadruplicado.*
>
> *Jesús le dijo: Hoy ha venido la salvación a esta casa; por cuanto él también es hijo de Abraham.*
>
> *Porque el Hijo del Hombre vino a buscar y a salvar lo que se había perdido.*
>
> *Lucas 19:8-10*

Observe que el versículo 10 dice "lo que", no "quien". En el versículo previo vimos que el recaudador de impuestos, Zaqueo, y su casa acababan de recibir salvación. Ellos habían estado perdidos y ahora eran salvos, pero su salvación no iba a terminar allí.

La afirmación que sigue de que Jesús vino a salvar lo que se había perdido me dice que Él se propone salvarnos no solo de nuestros pecados, sino también de todas las cosas que Satanás ha intentado hacer para arruinar nuestras vidas.

Cada uno de nosotros tiene un destino y debería ser libre de cumplirlo; sin embargo, ese cumplimiento no sucede mientras estamos inseguros y tenemos una pobre autoimagen.

¡Dios lo aprueba!

> *Antes que te formase en el vientre te conocí, y antes que nacieses te santifiqué, te di por profeta a las naciones.*
> *Jeremías 1:5*

Nunca es la voluntad de Dios que nos sintamos mal respecto a nosotros mismos. Él quiere que nos conozcamos bien a nosotros mismos y nos aceptemos.

Nadie se conoce tan bien como lo conoce Dios. Sin embargo, pese a que nos conoce y lo sabe todo respecto a nosotros, incluyendo todas nuestras fallas, Él nos sigue aprobando y aceptando. Él no aprueba nuestro comportamiento erróneo, pero está interesado en nosotros como personas.

En las próximas páginas, usted tendrá oportunidad de aprender la diferencia entre "quién" es usted y lo que "hace". Descubrirá que Dios puede odiar lo que usted hace pero amarlo a usted; Él no tiene problema en mantener separadas ambas cosas.

Dios es un Dios de corazones. Él ve nuestros corazones, no sólo el caparazón exterior en el cual vivimos (la carne) y que parece meternos en muchos problemas. Creo que si Dios puede mantener separadas ambas cosas, puede enseñarnos a nosotros a hacer lo mismo.

Creo que leer este libro será un punto de inflexión en su vida. En este libro usted aprenderá a enfrenar sus debilidades y a no odiarse a sí mismo por ellas. Experimentará sanidad y liberación que lo liberarán para tener éxito en aceptarse a sí mismo.

1

Autoaceptación

1

AUTOACEPTACIÓN

¿Usted se agrada a sí mismo? Sabe, la mayoría de la gente no gusta de sí misma. Tengo muchos años de experiencia con la gente, tratando de ayudarla a ser sana emocional, mental, espiritual y socialmente. Sentí que era un avance decisivo cuando descubrí que la mayoría de la gente realmente no gusta de sí misma. Algunos lo saben, mientras que otros todavía no se dan cuenta de que esa es la raíz de muchos otros problemas de su vida.

Rechazarse a sí mismo e incluso odiarse a sí mismo son las causas raíces de muchos problemas para relacionarse. Dios quiere que tengamos excelentes relaciones. He encontrado que la Biblia es un libro acerca de las relaciones. Encontré en ella enseñanzas acerca de mi relación con Dios, con otras personas y conmigo misma.

> **Porque cual es su pensamiento en su corazón, tal es él.**
>
> **PROVERBIOS 23:7**

BUSCAR LA PAZ EN LAS RELACIONES

> ...*deben hacer el bien,*
> *dejar de hacer el mal*
> *y vivir en paz con todos.*
> *1 Pedro 3:11,* TLA

La Palabra de Dios nos da instrucciones de que tengamos buenas relaciones, pero también nos enseña cómo desarrollar y mantener esas relaciones.

He encontrado que esta particular escritura es muy esclarecedora. Mientras la estudiaba, el Espíritu Santo me reveló que ante todo debo estar en paz con Dios. Debo creer que Él me ama. Él no espera hasta que yo me perfeccione para amarme; me ama incondicional y completamente siempre. Luego, yo debo *recibir* su amor.

Recibir es un asunto complejo. Cuando recibimos de Dios, realmente incorporamos en nosotros mismos lo que Él nos está ofreciendo. Así, cuando recibimos su amor, luego tenemos amor en nosotros. Una vez que estamos llenos con el amor de Dios, podemos empezar a amarnos a nosotros mismos. También podemos comenzar a retribuirle ese amor a Dios y a profesarlo a otras personas.

Recuerde siempre: *¡no podemos dar lo que no tenemos!*

EL AMOR DE DIOS ——————————————

El amor de Dios ha sido derramado en nuestros corazones por el Espíritu Santo que nos fue dado.
Romanos 5:5

La Biblia nos enseña que el amor de Dios ha sido derramado en nuestros corazones por el Espíritu Santo que nos ha sido dado. Eso sencillamente significa que cuando el Señor, en la forma del Espíritu Santo, viene a morar en nuestro corazón porque hemos creído en su Hijo Jesucristo, Él nos trae amor consigo, porque Dios es amor. (1 Juan 4:8).

Todos necesitamos preguntarnos a nosotros mismos qué estamos haciendo con el amor de Dios que nos ha sido dado gratuitamente. ¿Lo estamos rechazando porque pensamos que no somos suficientemente valiosos para ser amados? ¿Creemos que Dios es como otras personas que nos han rechazado y herido? ¿O estamos recibiendo su amor por fe, creyendo que Él es más grande que nuestras fallas y debilidades?

¿Qué clase de relación tiene usted con Dios, consigo mismo y en definitiva con su prójimo?

Nunca se me había ocurrido que yo tuviera también una

relación conmigo misma. Fue algo que no pensé hasta que Dios comenzó a enseñarme en esas áreas. Ahora soy consciente de que paso más tiempo conmigo misma que con ningún otro, así que es vital que me lleve bien conmigo.

Usted es una persona de la que nunca se aleja.

Todos sabemos cuán agónico es trabajar día tras día con alguien con quien no nos llevamos bien, pero al menos no tenemos que llevar esa persona a casa por la noche. Pero estamos con nosotros mismos todo el tiempo, día y noche. Nunca tenemos un minuto lejos de nosotros mismos, ni siquiera un segundo: por lo tanto, *es de suma importancia que estemos en paz con nosotros mismos.*

NO PODEMOS DAR LO QUE NO TENEMOS ────────────

> *. . . de gracia recibisteis, dad de gracia.*
> *Mateo 10:8*

Con la ayuda del Señor he aprendido a recibir el amor de Dios, a amarme a mí misma (de una manera equilibrada), a amar a Dios en retribución y a amar a otras personas. Pero nada de eso fue rápido ni fácil por causa de mi historia personal.

Creo que siempre había tenido dificultades para relacionarme, y que realmente no sabía por qué. No podía encontrar gente que me gustara y con quien lo pasara bien y que sintiera lo mismo respecto de mí. Mediante la ayuda de Dios al fin me di cuenta de cuál era el problema: yo estaba tratando de dar algo que no tenía.

Como joven creyente escuchaba sermones acerca de la importancia de que los cristianos se amaran unos a otros, y trataba sinceramente de caminar en amor, pero fracasaba continuamente. Yo necesitaba para obtener la respuesta de Dios, conectarlo con mi particular problema. Había oído con mis oídos que Dios me amaba, pero realmente no había creído que eso fuera para mí. Podía haberlo creído en general, pero no personalmente. Yo tenía el problema y tenía la respuesta, pero no hacía la correcta conexión entre los dos.

Muchas veces sabemos cuál es nuestro problema, pero nos parece que no le encontramos la respuesta correcta. Por otra parte, con frecuencia descubrimos una respuesta en la Palabra de Dios, pero no sabemos cuál es en realidad nuestro problema. Dios quiere revelarnos la naturaleza de nuestros verdaderos problemas y la respuesta a esos problemas que se encuentra en su Palabra. Cuando establecemos las conexiones correctas entre ellos, cuando enganchamos el problema correcto con la revelación correcta, entonces el diablo va saliendo y la libertad va entrando.

Por ejemplo, veo en la Biblia que estamos caminando en amor. Sabía que tenía un problema con el amor, pero no sabía que mi problema tenía raíces.

Frecuentemente tratamos de lidiar con el mal fruto de nuestras vidas y nunca captamos su causa raíz. No importa cuántas veces lo cortemos, con el tiempo volverá. Este ciclo es realmente frustrante. Lo estamos intentando del mejor modo que sabemos, y sin embargo, parece que nunca encontraremos una solución permanente a nuestras miserias.

Yo intentaba desesperadamente manifestar un comportamiento amoroso, pero había fracasado en recibir el amor de Dios; por lo tanto, no podía dar amor. No tenía nada para dar.

AMA A TU PRÓJIMO COMO A TI MISMO

Porque [en lo relativo a las relaciones humanas] *toda la ley en esta sola palabra se cumple: Amarás a tu prójimo como a ti mismo. Gálatas 5:14,* aclaración entre corchetes agregada.

Mientras buscaba respuestas a mis problemas, el Espíritu Santo me abrió Gálatas 5:14 de una manera que nunca había visto u oído. Yo estaba experimentando problemas matrimoniales. Mi esposo y yo no nos llevábamos bien, parecía que no podíamos estar de acuerdo en nada, disentíamos continuamente.

Eso estaba afectando adversamente a nuestros hijos. Toda esa ansiedad y confusión estaba afectando mi salud. *¡Yo tenía que tener algunas respuestas!*

LA RESPUESTA ES EL AMOR

> *En el amor no hay temor, sino que el perfecto amor echa*
> *fuera el temor...*
> 1 Juan 4:18

Cuando el Espíritu Santo me reveló esta escritura, me pregunté a mí misma si eso podía ser posible. ¿Estaba escuchando correctamente a Dios, podía ser algo tan simple como "Jesús me ama, *lo sé*, porque la Biblia me lo dice"? Yo tenía un montón de temores en mi vida, y Juan 4:18 me estaba diciendo que ese perfecto amor echaría fuera el temor.

Había tratado de caminar en "perfecto amor" y había fracasado diariamente. Yo pensaba que "perfecto amor" se refería a que yo amara perfectamente a otros. Ahora estaba comenzando a ver que ese perfecto amor era el amor de Dios por mí: Él es el Único que puede amar perfectamente.

¡El amor de Dios es perfecto aunque nosotros no lo seamos!

AMADO PARA AMAR A OTROS

> *Para que por la fe Cristo habite en sus corazones, y para que,*
> *arraigados y cimentados en amor, sean ustedes plenamente*
> *capaces de comprender, con todos los santos, cuál es la anchura,*
> *la longitud, la profundidad y la altura del amor de Cristo.*
> *Efesios 3:17-18*, RVC

Mientras meditaba en esas escrituras y otras como ellas, me sentí como una persona ciega que estuviera viendo por primera vez. *Mi problema era una falta de amor.* Nunca había recibido en mi vida amor apropiado; por lo tanto, nunca había aprendido a amarme apropiadamente.

Si nadie nos ama, no vemos por qué deberíamos amarnos a nosotros mismos. Si otros no nos aman, pensamos que no debemos ser dignos de ser amados.

Debemos amarnos a nosotros mismos, no de una manera egoísta, egocéntrica, que produzca un estilo de vida autoindulgente, sino de una manera equilibrada, piadosa, una manera que simplemente afirme que la creación de Dios es esencialmente buena y correcta. Podemos ser deteriorados por los años y las experiencias infortunadas que debemos sobrellevar, pero eso no significa que carezcamos de valor y solamente sirvamos para el bote de la basura.

Debemos tener la clase de amor que dice: "YO puedo amar lo que Dios puede amar. No me agrada todo lo que hago, pero me acepto a mí mismo porque Dios me acepta". Debemos desarrollar la clase de amor maduro que dice: "Sé que necesito cambia, y quiero cambiar. En realidad, creo que Dios me está cambiando diariamente, pero mientras tanto no rechazo lo que Dios acepta. Me aceptaré a mí mismo tal como soy, sabiendo que no quiero seguir siendo siempre de esta manera".

Nuestra fe nos da esperanza para el futuro. Como hizo con los israelitas, Dios nos ayudará a conquistar a nuestros enemigos (nuestros "complejos") poco a poco. (Deuteronomio 7:22). Nos cambiará de gloria en gloria a medida que continuemos buscando en su Palabra (2 Corintios 3:18). Él es el Autor y Consumador de nuestra fe (Hebreos 12:2). Él ha comenzado en nosotros una buena obra, y la completará llevándola a su cumplimiento definitivo (Filipenses 1:6).

Cuando recibimos el amor de Dios y comenzamos a amarnos y aceptarnos a nosotros mismos, eso mejora grandemente nuestra relación con Él. Hasta que aceptamos su amor, el ciclo está incompleto. Nosotros podemos amarlo solamente porque Él nos amó primero. (1 Juan 4:19).

Todos sabemos cuán frustrante es intentar darle un regalo a alguien se que rehúsa a tomarlo. Me gusta sorprender a la gente dándole algo que quiere o necesita. He tenido la experiencia de planear una sorpresa, ir a comprarla, gastar mi dinero, ocuparme en alistar todo, y sin embargo, cuando le di mi regalo la persona estaba tan insegura que sencillamente no sabía cómo recibirlo cortésmente.

La inseguridad y los sentimientos de desvalorización nos impiden ser capaces de recibir bien. Podemos sentir que debemos ganarnos o merecernos cada cosa que obtengamos. Podemos pensar: "¿Por qué alguien querría *darme* algo a mí?". Podemos llegar a sospechar: "¿Cuál será su motivo? ¿Qué quieren de mí? ¿Qué habrá detrás?"

Hay veces en que trato de darle algo a alguien y debo gastar tanto tiempo y energía para convencerlo de que realmente quiero que lo tome, que la situación llega a volverse embarazosa. ¡Solo quiero que lo acepte! Quiero que muestre su aprecio por mi regalo recibiéndolo cortésmente y disfrutándolo.

Si nosotros como humanos nos sentimos de esa manera, ¿cuánto más lo sentirá Dios cuando trata de darnos su amor, gracia y misericordia, y nosotros los rehusamos por un sentimiento de falsa humildad o de indignidad? Cuando Dios nos extiende su amor, está tratando de iniciar un ciclo que no solamente nos bendecirá a nosotros sino también a muchos otros.

El plan de Dios es este: Él quiere que recibamos su amor, nos amemos a nosotros mismos de una manera equilibrada y piadosa, que en retribución lo amemos a Él generosamente, y finalmente amemos a todas las personas que vengan a nuestras vidas.

Durante años hemos fracasado en seguir ese plan. Ni siquiera hemos amado a otros con nuestro propio amor, mucho menos con el amor de Dios.

¿Aceptación o rechazo?

Y vio Dios todo lo que había hecho, y he aquí que era bueno en gran manera. Y fue la tarde y la mañana el día sexto.
Génesis 1:31

Rechazarnos a nosotros mismos no nos cambia, más bien multiplica nuestros problemas. La aceptación hace que enfrentemos la realidad y comencemos a tratar con ella. No podemos tratar algo mientras rehusemos aceptarlo o neguemos su realidad.

El *Webster's II New College Dictionary* (Nuevo Diccionario Webster College II) define *aceptar*, entre otras acepciones, como: "**1.** Recibir (algo ofrecido), esp. Voluntariamente. **2.** Admitir a un grupo o lugar. **3.a.** Considerar como usual, apropiado o correcto. **b.** Considerar como verdadero".[1]

Observo en esta definición que la aceptación comprende la voluntad. Si aplico esta definición a la autoaceptación, veo que puedo elegir aceptarme a mí misma o no hacerlo. Dios me está ofreciendo la oportunidad de aceptarme como soy, pero debo hacer una libre decisión y puedo rehusar hacerlo si así lo elijo. También veo en esta definición que cuando algo es aceptado, es visto como usual, apropiado o correcto.

Las personas que se rechazan a sí mismas lo hacen porque no pueden verse a sí mismas como apropiadas o correctas. Solo ven sus fallas y debilidades, no su belleza y fortaleza. Esta es una actitud no equilibrada, que probablemente fue instilada en el pasado por figuras de autoridad que enfatizaron lo que era débil y errado más bien que lo que era fuerte y correcto.

La palabra *aceptación* en el mismo diccionario es definida en parte como "aprobar" y "acordar".[2] Si tenemos problemas en aceptarnos a nosotros mismos tales como somos, sugiero que necesitamos ponernos de acuerdo con Dios en que lo que Él ha creado es bueno, lo cual nos incluye.

En Amós 3:3 leemos: *¿Andarán dos juntos si no están de acuerdo?* Para caminar con Dios, debemos estar de acuerdo con Él. Dios dice que nos ama y acepta; por consiguiente, si estamos de acuerdo con Él, no podemos seguir odiándonos y rechazándonos a nosotros mismos.

Debemos ponernos de acuerdo con Dios en que, cuando Él nos creó, creó algo bueno.

Déjeme enfatizar una vez más que me doy cuenta de que no todo lo que hago es bueno, pero aquí estamos hablando de nosotros mismos, no de nuestro comportamiento. Más adelante en este libro discutiremos en detalle cómo ve Dios lo que hacemos; ahora, en este capítulo inicial, nos estamos ocupando principalmente de quiénes somos a los ojos de Dios.

Usted puede estar en el mismo lugar donde yo estaba cuando Dios comenzó a revelarme estos principios. Usted ve en sí mismo las cosas que necesitan ser cambiadas y le resulta muy difícil pensar o decir: "Me acepto a mí mismo". Usted siente que hacerlo sería aceptar todo lo que no está bien en usted, pero en realidad no es así.

Personalmente creo que ni siquiera podemos comenzar el proceso de cambio hasta que este asunto quede establecido en nuestras vidas individuales.

Cambiar requiere corrección.

Porque Dios corrige y castiga a todo aquel que ama y que considera su hijo.
Hebreos 12:6, TLA.

Esta verdad acerca de la corrección y disciplina de Dios sobre los que ama es verificada por el propio Jesucristo en Apocalipsis 3:19 cuando dice: *Yo reprendo y castigo a todos los que amo; sé, pues, celoso, y arrepiéntete.*

Cambiar requiere corrección: la gente que no sabe que es amada tiene una verdadera dificultad al tiempo de recibir corrección. La corrección no resulta buena si no es recibida.

Al tratar con mis hijos y con cientos de empleados a lo largo de los años, he descubierto que la corrección debe ser dada en amor. En otras palabras, para que mi corrección sea exitosa, las personas a quienes corrijo deben saber que las amo y me ocupo de ellas.

Puedo invertir un montón de tiempo corrigiendo a alguien, pero desperdiciaré mi tiempo a menos que ese individuo reciba lo que le he dicho. De la misma manera, para cambiarnos a nosotros, Dios debe corregirnos. Pero no recibiremos adecuadamente su corrección si no tenemos una revelación de su amor por nosotros. Podemos escuchar su corrección y hasta estar de acuerdo con ella, pero solo nos hará sentir enojados o condenados a menos que sepamos que en definitiva eso viene a traer el cambio que necesitamos en nuestra vida.

ESTÉ SEGURO DEL AMOR DE DIOS POR USTED

> *Por lo cual estoy seguro de que ni la muerte, ni la vida, ni ángeles, ni principados, ni potestades, ni lo presente, ni lo por venir, ni lo alto, ni lo profundo, ni ninguna otra cosa creada nos podrá separar del amor de Dios, que es en Cristo Jesús Señor nuestro.*
> *Romanos 8:38-39*

No podemos confiar a menos que creamos que no somos amados. Para crecer en Dios y ser cambiados, debemos confiar en Él. Frecuentemente Él nos guiará de maneras que no podemos comprender, y durante esos tiempos debemos tener firmemente captado su amor por nosotros.

El apóstol Pablo estaba convencido de que nada podría ser capaz de separarnos del amor de Dios en Cristo Jesús. Necesitamos tener la misma seguridad absoluta del imperecedero amor de Dios por nosotros individualmente.

Acepte el amor de Dios por usted y haga de ese amor la base para su amor y aceptación de sí mismo. Reciba su afirmación, sabiendo que usted está cambiando y en camino de ser todo lo que Él desea que usted sea. Luego comience a disfrutar de sí mismo —donde se encuentre— como una manera de completar su maduración espiritual.

2

SU AUTOIMAGEN
AFECTA SU FUTURO

Su autoimagen afecta su futuro

Ya hemos establecido que la inseguridad causada por una pobre autoimagen afecta todas nuestras relaciones. También afecta grandemente nuestro futuro.

> Mefi-boset se inclinó y dijo:
> —¿Y quién es este siervo suyo, para que Su Majestad se fije en él? ¡Si no valgo más que un perro muerto!
>
> 2 SAMUEL 9:8, NVI

Si usted tiene una pobre autoimagen, eso ha afectado adversamente su pasado, pero usted puede ser sanado y no permitir que el pasado se repita. Deje atrás las mentiras, incluyendo cualquier manera negativa en que se haya sentido acerca de sí mismo, y avance hacia las buenas cosas que Dios tiene preparadas para usted.

DIOS TIENE PLANES PARA CADA UNO DE NOSOTROS

> *Porque somos hechura suya, creados en Cristo Jesús para buenas obras, las cuales Dios preparó de antemano para que anduviésemos en ellas.*
> *Efesios 2:10*

Dios tiene un buen plan para cada uno de nosotros, pero no todos nosotros lo experimentamos. Muchas veces vivimos muy por debajo del estándar que Dios se propuso que disfrutemos.

Durante años no ejercité mis derechos y privilegios como hija de Dios. Eso ocurrió por dos razones. La primera fue que aún no sabía que tenía derechos o privilegios. Aunque era cristiana y creía que iría al cielo cuando muriera, no sabía que se podía hacer algo respecto de mi pasado, presente o futuro. La segunda razón por la cual viví muy por debajo del nivel de vida que Dios había dispuesto para mí fue sencillamente la errónea manera en que me percibía y sentía acerca de mí misma. Yo tenía una pobre autoimagen, y eso afectaba mi vida cotidiana tanto como mi perspectiva del futuro.

¡DIOS TIENE PLANES PARA USTED!

Porque yo sé los pensamientos que tengo acerca de vosotros, dice Jehová, pensamientos de paz, y no de mal, para daros el fin que esperáis.
Jeremías 29:11

Si usted tiene una pobre autoimagen, como yo tenía, le recomiendo que lea la historia de Mefi-boset, que se encuentra en el capítulo 9 de 2 Samuel. Ella afectó grandemente mi vida, y creo que hará lo mismo por usted. Lo ayudará a ver no solo por qué usted está viviendo por debajo del nivel que Dios dispuso para usted, sino también por qué está en peligro de perder lo que le tiene previsto en el futuro.

¿HAY ALGUIEN A QUIEN YO PUEDA BENDECIR?

Dijo David: ¿Ha quedado alguno de la casa de Saúl, a quien haga yo misericordia por amor de Jonatán?
2 Samuel 9:1, RV 1995

Mefi-boset era nieto del rey Saúl e hijo de Jonatán, quien había sido íntimo amigo de David. Jonatán y su padre Saúl habían muerto en batalla, y ahora David era rey.

David tenía el deseo de bendecir a alguien de la familia de Saúl por amor a Jonatán. Preguntó si podría haber alguien de la casa de Saúl a quien él pudiera mostrar misericordia. Uno de sus servidores le informó que Mefi-boset estaba vivo y habitaba en una ciudad llamada Lodebar.

El nombre *Lodebar* significa "sin pasturas".[1] En una sociedad agrícola, un lugar sin pasturas probablemente era un lugar de pobreza. ¿Por qué un nieto de un rey estaría viviendo en un lugar así? ¿Por qué no había venido al palacio reclamando sus derechos y privilegios como un heredero del rey Saúl, o no habría mencionado sus derechos y privilegios como hijo de Jonatán, que había tenido una relación de pacto con el actual rey? Él seguramente conocía la relación de pacto; todos la conocían en esos días. Él sabía que el pacto entre su padre Jonatán y el rey David se extendía a sus hijos y herederos.

En el antiguo Israel, cuando dos personas entraban en una relación de pacto, todo lo que cada uno de ellos poseía estaba puesto a disposición del otro. La relación de pacto también significaba que se ayudarían el uno al otro, lucharían uno por el otro, y uno haría todo lo necesario para cubrir las necesidades del otro. Pero Mefi-boset, el legítimo heredero de Jonatán, socio de pacto del rey David, estaba viviendo en la pobreza. ¿Por qué? La razón nos hace retroceder a los últimos días del reinado del rey Saúl, el abuelo de Mefi-boset.

Cuando llegaron al palacio las noticias de que Saúl y Jonatán habían muerto en batalla, Mefi-boset era solo un niño. Al escuchar las terribles noticias, su niñera huyó del palacio con él en sus brazos, temiendo que el rey David quisiera tomar venganza en el niño por la manera en que lo había tratado el rey Saúl. Durante su escape, Mefi-boset cayó y como resultado quedó tullido de ambas piernas (2 Samuel 4:4).

Cuando David envió por Mefi-boset, él cayó delante del rey y manifestó temor. David le dijo que no temiera, que él quería mostrarle misericordia. La respuesta de Mefi-boset es un importante ejemplo del tipo de pobre autoimagen al que todos necesitamos sobreponernos.

La imagen de perro muerto ——————————

Y vino Mefi-boset, hijo de Jonatán hijo de Saúl, a David, y se postró sobre su rostro e hizo reverencia. Y dijo David: Mefi-boset. Y él respondió: He aquí tu siervo. Y le dijo

David: No tengas temor, porque yo a la verdad haré contigo misericordia por amor de Jonatán tu padre, y te devolveré todas las tierras de Saúl tu padre; y tú comerás siempre a mi mesa. Y él inclinándose, dijo: ¿Quién es tu siervo, para que mires a un perro muerto como yo?
2 Samuel 9:6-8

Mefi-boset tenía una pobre autoimagen, una imagen de perro muerto. No pensaba nada bueno de sí mismo. En lugar de verse a sí mismo como el legítimo heredero del legado de su padre y de su abuelo, se veía a sí mismo como alguien que había sido rechazado. Si no fuera así, hacía rato que él hubiera ido al palacio por sí mismo para reclamar su herencia.

Una pobre autoimagen hace que operemos con miedo en vez de hacerlo con fe. Miramos lo que no está bien con nosotros en lugar de mirar lo que está bien con Jesús. Él ha tomado lo errado de nosotros y nos ha dado lo correcto de sí (2 Corintios 5:21). Debemos caminar en la realidad de esa verdad.

Cuando vi este pasaje, me di cuenta de que había tenido una imagen de perro muerto, y que eso me privaba de ser todo lo que podría ser y tener todo lo que podría tener en la vida. Comencé por cambiar mi actitud hacia mí misma. Eso requiere tiempo y muchísima ayuda del Espíritu Santo, pero decidí que no viviría por debajo de las bendiciones que Jesús había provisto para mí.

La Palabra de Dios dice que por su pacto con nosotros, nosotros podemos ser la cabeza y no la cola, estar solamente arriba y no debajo (Deuteronomio 28:13). Estoy segura de que, como yo, usted ya tiene bastante de ser la cola. Es tiempo de que tome su lugar y comience a recibir la herencia que le corresponde.

David bendijo a Mefi-boset. Le dio siervos y tierra y proveyó para todas sus necesidades. La historia termina diciendo: *Y moraba Mefi-boset en Jerusalén, porque comía siempre a la mesa del rey; y estaba lisiado de ambos pies* (2 Samuel 9:13).

Amo absolutamente el final de la historia. Relaciono la cojera de Mefi-boset con nuestras propias debilidades. Nosotros también podemos tener compañerismo con nuestro rey Jesús y comer con Él, a pesar de nuestros fracasos y debilidades. Seguimos teniendo un pacto con Dios, sellado y ratificado por la sangre de Jesucristo. La sangre del pacto fue, y sigue siendo, uno de los más fuertes acuerdos que pueden hacerse entre dos partes.

Nosotros le damos a Dios lo que tenemos, y Él nos da lo que Él tiene. Él toma todos nuestros pecados, fracasos, debilidades y faltas, y nos da su capacidad, su rectitud y su fuerza. Él toma nuestra pobreza y nos da su riqueza. Él toma nuestras enfermedades y dolencias, y nos da su sanidad y salud. Él toma nuestro pasado destruido, lleno de fracasos, y nos da la esperanza de un brillante futuro.

En nosotros mismos no somos nada, nuestras justicias son como trapos de inmundicia o como vestimentas sucias (Isaías 64:6). Pero en Cristo tenemos un futuro digno de ser mirado con interés. El término "en Cristo" significa, en pocas palabras, que hemos puesto en Él nuestra fe respecto a cada aspecto de nuestras vidas. Estamos en pacto con el Dios todopoderoso. ¡Qué pensamiento tan formidable!

¿Es usted una langosta?

También vimos allí gigantes, hijos de Anac, raza de los gigantes, y éramos nosotros, a nuestro parecer, como langostas; y así les parecíamos a ellos.
Números 13:33

Otra historia que me afectó grandemente se encuentra en Números 13. Moisés envió doce hombres a explorar la Tierra Prometida para ver si era buena o mala. Diez de los hombres volvieron con lo que la Biblia refiere como "falsos rumores" (Números 13:32, nvi). Solo dos de los exploradores, Caleb y Josué, tuvieron la actitud que Dios quería que tuvieran.

Cuando los doce exploradores retornaron de su viaje, *les*

contaron, diciendo: Nosotros llegamos a la tierra a la cual nos enviaste, la que ciertamente fluye leche y miel... (Números 13:27). Luego continuaron: *Mas el pueblo que habita aquella tierra es fuerte, y las ciudades muy grandes y fortificadas; y también vimos allí a los hijos de Anac* (Números 13:28). En otras palabras: "La tierra es buena ¡pero hay gigantes en ella!" El temor a los gigantes impidió que el pueblo de Dios entrara en la tierra que Él había prometido darles. Ellos solo vieron a los gigantes, fallaron en ver a Dios.

No fueron realmente los gigantes los que derrotaron a esa gente, fue su pobre autoimagen. Fue su actitud errónea hacia sí mismos. Ellos vieron a los otros como gigantes y a sí mismos como langostas.

Josué y Caleb fueron los únicos que tuvieron una actitud apropiada hacia la tierra. Le dijeron a Moisés y a la gente: *Subamos luego, y tomemos posesión de ella; porque más podremos nosotros que ellos* (Números 13:30). Al final, ellos fueron los únicos a quienes Dios les permitió entrar en la Tierra Prometida.

Dios tenía planeado un glorioso futuro para *todos* los israelitas, pero no *todos* ellos entraron en ese futuro: solo lo hicieron quienes tuvieron una actitud adecuada hacia Dios y hacia ellos mismos.

"Subamos luego, y tomemos posesión de ella; porque más podremos nosotros que ellos". ¡Qué declaración victoriosa! ¡Qué gran actitud!

Esto ocurrió hace miles de años, y me sigue inspirando todavía. Podemos tener una imagen de perro muerto o una imagen de saltamontes, pero ambas afectan adversamente nuestro futuro. Vimos la prueba en las historias de Mefi-boset y de los doce espías. Sin importar lo que Dios haya planeado para nosotros, nunca lo experimentaremos a menos que nos pongamos de acuerdo con Él.

Dios no tiene una mala actitud hacia usted: ¡usted no debería tenerla hacia sí mismo! Sacúdase el pasado y ponga su mirada en el futuro. El apóstol Pablo quería hacer bien las cosas, pero se dio cuenta de que aunque estaba creciendo y aprendiendo no siempre manifestaba el cien por ciento de perfección.

¡Siga adelante!

No que lo haya alcanzado ya, ni que ya sea perfecto; sino que prosigo, por ver si logro asir aquello para lo cual fui también asido por Cristo Jesús.
Filipenses 3:12

En el versículo siguiente, Pablo sigue diciendo que olvida lo que queda atrás y se extiende hacia lo que está delante.

Vemos este principio en muchos lugares de la santa Palabra de Dios. El profeta Isaías tuvo la misma revelación cuando dio el mensaje del Señor: *No os acordéis de las cosas pasadas, ni traigáis a memoria las cosas antiguas. He aquí que yo hago cosa nueva...* (Isaías 43:18-19).

Creo que Dios ha permitido que usted lea este libro porque quiere hacer algo nuevo en usted y en su vida.

Casi todos nosotros podríamos hacer alguna mejora en nuestra autoimagen. Lleva tiempo captar por nosotros mismos la esperanza que dios tiene para nosotros.

Para tener conciencia de cuánta esperanza tiene Dios para mí, todo lo que necesito es recordar lo que yo era cuando Dios me llamó al ministerio a tiempo completo. Ciertamente no era la clase de material que el mundo habría elegido para hacer lo que estoy haciendo hoy. En realidad, creo firmemente que la mayoría de la gente me habría considerado un caso perdido.

Cuán maravilloso y reconfortante es saber que cuando algún otro está viendo nuestras fallas Dios sigue viendo nuestras posibilidades.

Cuando Dios comenzó a usarme para ministrar a otros, yo seguía teniendo muchos malos hábitos en mi propia vida. Necesité muchísimo refinamiento. Yo amaba sinceramente a Dios y quería hacer lo correcto, pero tenía muy poca revelación acerca de sus preceptos. Conocía los Diez Mandamientos e iba a la iglesia y trataba de ser "buena". Añadía algunas "buenas obras" y esperaba que fuera suficiente para hacerme entrar por las "puertas de perlas", pero no tenía verdadera victoria en mi vida cotidiana.

Yo era sincera, pero muy pobre en lo concerniente a la real verdad. Tenía múltiples problemas. De niña había sido abusada sexualmente durante muchos años, y los efectos seguían siendo devastadores para mí. También había sido herida en varias relaciones personales y aún no tenía una real comprensión de lo que era amar.

Tenía una personalidad llena de culpa, basada en la vergüenza, que se deriva del abuso, y que acarraba virtualmente en cada área de mi vida. Por cierto que no gustaba de mí misma. Definitivamente tenía una muy pobre autoimagen. Era insegura "al máximo" y muy temerosa. Exteriormente me presentaba a mí misma como independiente y autosuficiente, que no necesitaba a nadie ni le importaba lo que otros pensaran de mí. A los que no me conocían, debo de haberles parecido muy audaz y dinámica. Mi vida exterior, sin embargo, no se correspondía con mi vida interior. Interiormente era un desastre. Pero Dios me llenó con su Espíritu Santo y me hizo saber que quería usarme para ministrar a otros.

El Señor no esperó a que tuviera todo arreglado antes de involucrarse conmigo. Comenzó conmigo donde yo estaba entonces y ha sido el responsable de traerme hasta donde estoy hoy. Estoy convencida de que Él quiere hacer lo mismo por usted.

DIOS QUIERE ENCONTRARSE CON USTED DONDE USTED ESTÁ

Y oyó Dios la voz del muchacho; y el ángel de Dios llamó a Agar desde el cielo, y le dijo: ¿Qué tienes, Agar? No temas; porque Dios ha oído la voz del muchacho en donde está.
Génesis 21:17

En la Biblia encontramos que cuando la gente estaba en problemas, Dios les salía al encuentro donde estuvieran y los ayudaba. Gracias a Dios, no espera a que nos dirijamos hacia Él, ¡sino que Él viene a nosotros!

Agar, la sierva de Sara y su hijo Ismael habían sido echados por Abraham y Sara y enfrentaron la muerte en el desierto. Dios le había dicho a Abraham que hiciera como Sara le propusiera y separara a Ismael (el hijo de su esfuerzo propio) e Isaac (el hijo de la promesa).

Pero Dios no había terminado con Ismael. Él no lo había desechado, como podría haber parecido en ese momento, sino que no estaba moviendo hacia otro capítulo de su vida.

Ismael podría haber sido considerado definitivamente como un error. Mucho antes, Dios les dijo a Abram y Sarai (más tarde renombrados Abraham y Sara) que Él les daría un hijo. Ellos, como muchos de nosotros, se cansaron de esperar en Dios y comenzaron a desarrollar su propio plan. Cometieron un error, pero Dios no dejó de trabajar con ellos.

Sarai le dio su sierva Agar a Abram para que fuera su esposa secunaria. Le pidió que tuviera relaciones sexuales con Agar, para que quedara embarazada. Ella razonó que por esa acción Dios les daría el hijo prometido. Ese no era en absoluto el plan de Dios, y en realidad causó una gran cantidad de problemas, como leemos en Génesis 16-18. Cuando estudiamos esos capítulos parece que todo el mundo estaba cometiendo errores. Pero Dios obviamente conocía sus corazones porque estaba junto a ellos para corregir y redimir el lío que estaban generando.

Dios con frecuencia hace salir milagros de los errores. El abuso que se amontonó sobre mí cuando era niña era definitivamente un error y no debería haber ocurrido nunca. Era un error no solamente para mí, sino para todos los involucrados. Sin embargo, como Dios es tan grande, Él tomó ese error e hizo salir de él un ministerio, que está ayudando a otros. Dios me encontró donde yo estaba, y aunque otra gente podría haberme rechazado como no apta para el ministerio, Dios me aceptó.

DIOS ELIGE LO IMPROBABLE —¡COMO YO MISMA Y USTED!

En cambio, Dios eligió lo que el mundo considera ridículo para avergonzar a los que se creen sabios. Y escogió cosas que no tienen poder para avergonzar a los poderosos.

Dios escogió lo despreciado por el mundo —lo que se considera como nada —y lo usó para convertir en nada lo que el mundo considera importante.

Como resultado, nadie puede jamás jactarse en presencia de Dios.

1 Corintios 27-29, NTV

Dios elige a propósito a los que parecen los candidatos más improbables para el trabajo. Al hacer eso, Él abre una ancha puerta para mostrar su gracia, misericordia y poder para cambiar vidas humanas. Cuando Dios usa a alguien como yo o muchos otros que utiliza, nos damos cuenta de que nuestra fuente no está en nosotros mismos sino solamente en él: *Porque lo insensato de Dios es más sabio que los hombres, y lo débil de Dios es más fuerte que los hombres* (1 Corintios 1:25).

Cada uno de nosotros tiene un destino, y no hay absolutamente ninguna excusa para no cumplirlo. No podemos usar nuestras debilidades como excusa, porque Dios dice que su poder se perfecciona en la debilidad (2 Corintios 12:9). No podemos usar el pasado como una excusa porque Dios dice a través del apóstol Pablo que si una persona está en Cristo, es una nueva criatura; las cosas viejas han pasado y todas han sido hechas nuevas (2 Corintios 5:17).

El problema no es cómo nos ve Dios, es cómo nos vemos a nosotros mismos lo que nos impide tener éxito. Cada uno de nosotros puede tener éxito en ser todo lo que Dios ha dispuesto que seamos.

Dedique un tiempo a estar consigo misma y haga un inventario de cómo se siente acerca de sí mismo. ¿Cuál es su imagen de sí mismo? ¿Qué tipo de cuadro de sí mismo acarrea en usted mismo? Cuando lo mira desde afuera, ¿usted ve un perro muerto o un saltamontes? ¿Ve usted a una criatura sin esperanza que nadie quiere? ¿O se ve a sí mismo recreado a la imagen de Dios, resucitado para una nueva vida que está esperando que usted la reclame?

3

"¡Estoy bien y voy de camino!"

3
"¡ESTOY BIEN Y VOY DE CAMINO!"

Todos estamos en proceso de comenzar. Durante gran parte de mi vida sentí que nunca estaría realmente bien hasta que llegara, pero he aprendido que eso no es verdad. Mi corazón desea ser todo lo que Dios quiere que yo sea, y yo quiero ser como Jesús. Mi carne no siempre coopera conmigo.

> Estoy convencido de esto: el que comenzó tan buena obra en ustedes la irá perfeccionando hasta el día de Cristo Jesús.
>
> FILIPENSES 1:6, NVI

En Romanos 7, Pablo dice que no puede hacer las cosas buenas que quiere hacer; y que se encuentra haciendo las cosas malas que no quiere hacer. Dice que se siente miserable. Yo puedo verme reflejada en eso; ¿y usted? En el versículo 24 él clama: *¡Miserable de mí! ¿quién me librará de este cuerpo de muerte?* Y en el siguiente versículo, como si hubiera recibido una respuesta que fuera una revelación par él, dice: *Gracias doy a Dios, por Jesucristo Señor nuestro.*

Sí, todos tenemos una manera de ser. Me angustiaba cuán lejos podría llegar, y parecía que Satanás me lo recordaba a diario, algunas veces casi a cada hora. Yo acarreaba una constante sensación de fracaso, un sentimiento de que no era como debía ser, de que no estaba haciendo las cosas suficientemente bien, que debería esforzarme más, y sin embargo, cuando me esforcé más, solo fracasé más.

Ahora he adoptado una nueva actitud: "No estoy donde tengo que estar, pero gracias a Dios, no estoy donde solía estar; estoy muy bien y estoy en mi camino.

¡SIGO ANDANDO!

Pero la senda de los justos es como la aurora: ¡su luz va en aumento, hasta la plenitud del día!
Proverbios 4:18, RVC

Y ahora sé con todo mi corazón que Dios no está enojado conmigo porque no haya llegado. Él está complacido de que yo siga adelante, que siga estando en el camino. Si usted y yo simplemente "seguimos adelante" Dios estará complacido con nuestro progreso.

Seguir caminando. Una caminata es algo que se hace de un paso a la vez. Es importante recordar eso.

Si yo lo invitara a hacer una caminata, usted pensaría que estoy loca si después de algunos pasos me enojara porque no hemos llegado a nuestro destino. Podemos entender cosas comunes como esta, pero tenemos dificultad en entender que Dios espera que nos tome algún tiempo crecer espiritualmente.

No pensamos que un niño de un año tenga algún problema porque no camine perfectamente. Se caerá con frecuencia, pero lo levantaremos, lo mimaremos, lo vendaremos si es necesario, y lo seguirá intentando. Seguramente nuestro maravilloso Dios puede hacer por nosotros mucho más de lo que nosotros hacemos por nuestros hijos.

SER PRUDENTES

Sean prudentes y manténganse atentos, porque su enemigo es el diablo, y él anda como un león rugiente, buscando a quien devorar.
1 Pedro 5:8, RVC

Es muy importante ser prudentes en todas las cosas, porque si no le abrimos puertas a Satanás.

Hemos estado considerando cómo tener una buena autoimagen. Una manera de hacerlo es tomando conciencia de que no hemos llegado a la perfección, que vamos madurando, pero que mientras tanto estamos bien. Es verdad que debemos seguir adelante, pero gracias a Dios no debemos odiarnos ni rechazarnos a nosotros mismos mientras estamos tratando de alcanzar nuestro destino.

¿Cuál es la actitud normal, saludable de un cristiano hacia sí mismo? Aquí tiene algunos pensamientos que reflejan esa clase de autoimagen saludable, centrada en Dios:

1. Sé que Dios me creó y que me ama.

2. Tengo fallas y debilidades, y quiero cambiar. Creo que Dios está trabajando en mi vida. Él me está cambiando poco a poco, día a día. Mientras Él lo está haciendo, yo puedo seguir disfrutando de mí y de mi vida.

3. Todos tenemos fallas, de manera que yo no soy un completo fracaso por el hecho de no ser perfecto.

4. Estoy trabajando con Dios para superar mis debilidades, pero soy consciente de que siempre tendré que lidiar con algo; por lo tanto, no me desanimaré cuando Dios me muestre que en mi vida hay áreas que debo mejorar.

5. Quiero hacer feliz a la gente y agradarle, pero mi sentido de valor no depende de lo que otros piensen de mí. Jesús ya ha afirmado mi valor cuando decidió morir por mí.

6. No seré controlado por lo que la gente piense, diga o haga. Aun si me rechazaran totalmente, yo sobreviviré. Dios ha prometido que nunca me rechazará o me condenará mientras yo siga creyendo (vea Juan 6:29).

7. No importa con cuánta frecuencia fracase, no me daré por vencido, porque Dios está conmigo para fortalecerme y sostenerme. Él ha prometido que nunca me dejará ni me desamparará (vea Hebreos 13:5).

8. Me agrado. No me gusta todo lo que hago y quiero cambiar, pero me niego a rechazarme a mí mismo.

9. Estoy bien con Dios por medio de Jesucristo.

10. Dios tiene un buen plan para mi vida. Estoy cumpliendo mi destino y seré todo lo que puedo ser para su gloria. Tengo dones y talentos dados por Dios, y me propongo usarlos para ayudar a otros.

11. No soy nada, y sin embargo soy todo. En mí mismo no soy nada, y sin embargo, en Jesucristo soy todo lo que necesito ser.

12. Puedo hacer todo lo que debo hacer, todo lo que Dios me llamó a hacer, por medio de su Hijo Jesucristo (vea Filipenses 4:13).

Y aquí tiene algunas sugerencias adicionales para ayudarlo a desarrollar y mantener una actitud prudente y una saludable autoimagen:

1. Siempre rechace y odie su pecado, pero no se rechace a sí mismo.

2. Sea rápido para arrepentirse.

3. Sea sincero con Dios y consigo mismo acerca de usted.

4. Cuando Dios le dé luz, no tenga miedo.

5. Deje de decir cosas negativas, denigratorias acerca de usted mismo, porque no son como para vanagloriarse.

6. No tenga una opinión exagerada de su propia importancia, pero tampoco se considere insignificante.

7. Cuando las cosas salen mal no suponga siempre que es por su culpa. Pero si está equivocado no tema admitirlo.

8. Cuídese de pensar demasiado en usted mismo. No medite excesivamente sobre lo que hecho bien o lo que ha hecho mal. ¡Ambas actividades mantienen su mente centrada en usted! Mantenga sus pensamientos centrados en Cristo y en sus principios: *Tú guardarás en completa paz a aquel cuyo pensamiento en ti persevera; porque en ti ha confiado* (Isaías 26:3).

9. Cuídese bien físicamente. Haga lo mejor que pueda con lo que Dios le dio para que trabaje, pero no se exceda ni se envanezca de su apariencia.

10. Aprenda todo lo que pueda, pero no permita que su educación llegue a ser un motivo de orgullo. Dios no nos usa por cómo es nuestra educación, sino por cómo es nuestro corazón hacia Él.

11. Sea consciente de que sus dones y talentos son regalos, no algo que usted ha fabricado por sí mismo. No tenga a menos a las personas que no pueden hacer lo que usted puede hacer.

12. No desprecie sus debilidades: ellas lo mantienen dependiente de Dios.

¿CÓMO PUEDO CAMBIAR?

*No imiten las conductas ni las costumbres de este mundo,
más bien dejen que Dios los transforme en personas nuevas
al cambiarles la manera de pensar. Entonces aprenderán a
conocer la voluntad de Dios para ustedes, la cual es buena,
agradable y perfecta.*

Romanos 12:2, NTV

Los cambios no llegan mediante luchas, esfuerzo humano sin
Dios, frustración, odio a sí mismo, autorrechazo, culpa u obras
de la carne.

El cambio de nuestras vidas llega como resultado de que
nuestras mentes hayan sido renovadas por la Palabra de Dios.
A medida que nos ponemos de acuerdo con Dios y creemos
realmente que lo que Él dice es verdad, eso comienza a manifestarse gradualmente en nosotros. Comenzamos a pensar de
manera diferente, luego comenzamos a hablar de manera diferente, y finalmente comenzamos a actuar de manera diferente.
Es un proceso que se desarrolla en etapas, y siempre debemos
recordar que mientras se está desarrollando podemos seguir teniendo la actitud: "¡Estoy bien y estoy en mi camino!".

Disfrute de sí mismo mientras está cambiando. Disfrute estar
donde está en el camino hacia donde está yendo. ¡Disfrute el
viaje! No desperdicie todo su "ahora" tratando de correr hacia
el futuro. Recuerde: *Cada día tiene bastante con sus propios problemas* (Mateo 6:34, DHH).

Usted puede estar luchando hoy con un mal temperamento
y pensar que si pudiera ser libre en esta área, todo lo demás estaría bien. Pero lo cierto es que ha olvidado que entonces Dios
le revelará algo más que necesita ser tratado, y usted volverá a
estar en el mismo estado de ánimo, pensando: "Si no tuviera
este problema yo sería feliz".

Debemos aprender a mirar esas cosas de una nueva manera.

UN CAMINO NUEVO Y VIVO. ——————————————————

Por el camino nuevo y vivo que él nos abrió a través del velo,
esto es, de su carne.
Hebreos 10:20

Bajo el Antiguo Pacto la gente debía seguir la Ley; cuando cometían errores debían hacer sacrificios para expiarlos. Había un gran número de leyes, demasiadas para que cualquier persona lograra guardarlas todas. El resultado eran obras, obras, obras: la gente trataba y fallaba; se sentía culpable y lo intentaba arduamente; volvía a fallar y hacía sacrificios. Era un ciclo sin fin que drenaba toda la vida de la gente.

La Ley vino al pueblo en dos tablas de piedra, dadas a Moisés por Dios. Eso hizo que los corazones de la gente se hicieran duros y de piedra mientras trataban desesperadamente de guardarla.

La Ley, la "dispensación de la muerte", fue reemplazada por "la dispensación del Espíritu", un camino nuevo y vivo.

¿LEY O ESPÍRITU? ——————————————————

Y si el ministerio de muerte grabado con letras en piedras fue
con gloria, tanto que los hijos de Israel no pudieron fijar la
vista en el rostro de Moisés a causa de la gloria de su rostro,
la cual había de perecer, ¿cómo no será más bien con gloria el
ministerio del espíritu?
2 Corintios 3:7, 8

Vivir bajo la Ley realmente ministra muerte más bien que vida. Para mí, "vivir bajo la Ley" significa que siento que debo hacer todo perfectamente; de otro modo, estoy en problemas con Dios. Eso significa reglas y regulaciones, sin libertad. Yo viví durante años bajo la Ley, y me robó la paz y el gozo. Estaba viva, pero llena de muerte.

La muerte en este sentido significa en realidad cada tipo

de miseria. La vida legalista hace a la gente tensa y rígida. Prácticamente no conocen la misericordia; no la reciben de Dios ni se la dan a otros.

Cuando estaba tratando de aprender a caminar en amor, tomé conciencia de que no era una persona misericordiosa. Una y otra vez Dios me enseñó que no podía dar lo que yo no tenía. Yo no estaba recibiendo la misericordia de Él para mis fracasos; por consiguiente, no tenía misericordia para dar a otras personas. Trataba de seguir todas las reglas y regulaciones: las que me habían sido transmitidas, las que la Iglesia había emitido y todos los miles con que yo había permitido que Satanás programara mi mente. No eran escriturales, solo eran cosas acerca de las cuales sentirse culpable.

Dios le dio a Moisés diez mandamientos. Una vez leí que para la época en que Jesús vino, los líderes religiosos habían convertido esos diez mandamientos en aproximadamente 2200 reglas y regulaciones para que el pueblo siguiera. No sé con seguridad si eran o no 2200, pero sé que tenían más de las que a cualquier persona le sería posible manejar.

Algunas personas tienen más tendencia al legalismo que otras. Aun nuestro temperamento natural puede contribuir al perfeccionismo y el legalismo. Pero debemos recordar que donde hay legalismo también hay muerte.

Jesús dijo que Él vino a traer vida (vea Juan 10:10). La nueva dispensación era una donde la gente sería gobernada no por la Ley, sino por el Espíritu de Dios. *¡Era una nueva manera de vivir!* Eso incluye misericordia para los fracasos, perdón para los pecados, y el reemplazo de los sacrificios por la fe en Jesucristo.

Eso era casi demasiado bueno para ser verdad. Era simple, y para mucha gente era demasiado simple. Ellos no podían creer eso. Ellos seguían trabajando y tratando de impresionar a Dios con su bondad. La Biblia dice que somos justificados por fe, no por obras (vea Efesios 2:8-9). Cualquier intento de obtener justificación y rectitud de alguna otra manera solamente nos frustrará y gastará.

¡NOSOTROS HEMOS TERMINADO CON EL LEGALISMO Y ESTAMOS LISTOS PARA UNA NUEVA VIDA!

Pero ahora que hemos muerto a su dominio, estamos libres de la ley, y de ese modo podemos servir en la vida nueva del Espíritu y no bajo el viejo régimen de la letra.
Romanos 7:6, RVC

También vemos que servir a Dios bajo el Nuevo Pacto trae novedad de vida. Eso realmente es una manera enteramente nueva de vivir, y para eso debemos tener renovadas nuestras mentes. Debemos aprender a pensar de manera diferente acerca de nosotros mismos y acerca de lo que Dios espera de nosotros.

EL GOZO DE PROGRESAR

...con tal que acabe mi carrera con gozo...
Hechos 20:24

El apóstol Pablo quería estar allí donde Dios quería que estuviera, y deseaba hacer todo lo que Dios quería que hiciera, pero quería hacerlo con gozo.

Debemos aprender a estar gozosos respecto a nuestro progreso, no deprimidos por lo mucho que nos queda por recorrer. Debemos aprender a mirar lo positivo y no lo negativo.

Uno de los efectos laterales del legalismo es que la gente nunca puede estar satisfecha a menos que guarde toda la Ley. Si falla en un punto, es culpable de todo (vea Santiago 2:10). Uno de los beneficios del Nuevo Pacto es el hecho de que podemos estar satisfechos durante todo el viaje. Nuestra satisfacción no se fundamenta en nuestro rendimiento, sino en Jesús mismo.

En Juan 10:10, Jesús dice que Él vino para que tuviéramos vida y gozo. En ese mismo versículo dijo: *El ladrón no viene sino para hurtar y matar y destruir* El ladrón a quien se está refiriendo aquí es el legalismo o una aproximación a Dios legalistas. Eso nos roba todo y a cambio no nos da nada sino culpa y miseria. Por la Ley no podemos ser juntos, ni tener paz y gozo. A través de Jesús todas esas cosas son nuestras como dones gratuitos, dados por Dios por gracia, no ganados por nuestras obras. Las recibimos por fe.

VIVIR CON ALEGRÍA, GOZO Y ESPERANZA

Y el Dios de esperanza os llene de todo gozo y paz en el creer, para que abundéis en esperanza por el poder del Espíritu Santo.
Romanos 15:13

Recuerdo una tarde en que me sentía fuertemente insatisfecha y descontenta. Tenía una caja de promesas que alguien me había dado. Una caja de promesas es un pequeño contenedor lleno de escrituras. Su propósito es que el creyente pueda extraer una escritura que recuerda una promesa de Dios cada vez que tenga una necesidad. Bien, yo sentía que necesitaba algo pero no estaba seguro de lo que era. No tenía paz ni gozo y era absolutamente miserable.

Extraje una tarjetita que tenía impreso Romanos 15:13, y fue como "palabras al cansado" para mí (vea Isaías 50:4). Mi problema era simple, estaba dudando en lugar de creer. Estaba dudando del amor incondicional de Dios, dudando de que yo pudiera oír a Dios, dudando de su llamado a mi vida, dudando de que Él se agradara de mí. Estaba llena de dudas dudas dudas. Cuando vi el problema, recobré la fe y dejé de dudar. Mi gozo y mi paz regresaron inmediatamente.

He hallado que lo mismo es cierto una y otra vez en mi vida. Cuando el gozo y la paz parecen estar yéndose, chequeo mi fe: usualmente también se está yendo. Es lógico pensar entonces que dudar de nosotros mismos también nos robará nuestro gozo y paz.

Puedo recordar años de mi vida en que la mayor parte de mi relación conmigo misma era de dudar de mí misma. Dudaba de mis decisiones; dudaba de mi apariencia; dudaba de si realmente estaba siendo guiada por el Espíritu Santo; dudaba de si estaba haciendo o diciendo lo correcto; dudaba de si le agradaba a Dios o a alguien. Sabía que no me agradaba a mí misma; ¿por qué iba a agradarle a algún otro?

Estoy tan feliz de que esos años de miseria hayan quedado atrás. Ahora practico Gálatas 5:1: *Estad, pues, firmes en la libertad con que Cristo nos hizo libres, y no estéis otra vez sujetos al yugo de esclavitud.* Yo tenía tal atadura de legalismo en mi vida que probablemente siempre tendré que ponerme firme contra ella. Ahora la reconozco a ella y a sus síntomas, y ese conocimiento me permite resistir a Satanás y disfrutar mi libertad en Cristo.

Podemos ser libres para creer que estamos muy bien y en nuestro propio camino, no siendo perfectos todavía, pero avanzando. Podemos ser libres para disfrutar la vida, disfrutar a Dios y disfrutar de nosotros mismos.

4

¿SE HA PERDIDO A SÍ MISMO?

4

¿SE HA PERDIDO A SÍ MISMO?

¿Cómo podemos tener éxito en ser nosotros mismos si no nos conocemos a nosotros mismos? A veces la vida es como un laberinto y es fácil hallarnos perdidos. Todos, parece, esperan algo diferente de nosotros. Estamos presionados desde todas las direcciones para mantener felices a otros y atender sus necesidades.

De manera que, teniendo diferentes dones, según la gracia que nos es dada, si el de profecía, úsese conforme a la medida de la fe; o si de servicio, en servir; o el que enseña, en la enseñanza; el que exhorta, en la exhortación; el que reparte, con liberalidad; el que preside, con solicitud; el que hace misericordia, con alegría.

ROMANOS 12:6-8

Invertimos un gran monto de energía emocional y mental en estudiar a las personas que son importantes en nuestras vidas y tratar de decidir lo que quieren de nosotros. Intentamos llegar a ser lo que ellos quieren que seamos. En el proceso, podemos perdernos a nosotros mismos. Podemos fallar en descubrir lo que Dios quiere, o cuál es su propósito para nosotros. Podemos tratar de complacer a todo el mundo y no estar complacidos nosotros mismos.

En mi propia vida, durante años trate de ser tantas cosas que yo no quería, que me encontré totalmente confundida. Con el tiempo tomé conciencia de que no sabía cómo se esperaba que fuera. En alguna parte del proceso de tratar de responder a todas las demandas ubicadas sobre mí por mí misma y por otros, perdí a Joyce Meyer. Tuve que salir del tiovivo, por así decir, y responderme a mí misma algunas serias cuestiones como: "¿Para quien estoy viviendo? ¿Por qué estoy haciendo todas esas cosas? ¿Me he convertido en una persona complaciente? ¿Estoy haciendo realmente la voluntad de Dios para mi vida? ¿Qué es lo que quiero hacer con mi vida? ¿Para hacer qué creo en realidad que estoy dotada y ungida?"

Sentía la presión de tratar de ser como mi esposo. Dave siempre ha sido muy tranquilo, estable, sin complicaciones y libre de ansiedades y preocupaciones. Yo sabía que esa era la correcta manera de ser, y trataba arduamente de ser como él. Yo, por mi parte, era muy impetuosa. Tomaba decisiones rápidamente. Mis humores no eran tan estables como los de Dave, y tendía a preocuparme cuando había problemas.

Yo sentía la presión de ser como mis amigos y pares. La esposa de mi pastor es muy amable. Cuando estaba cerca de ella, sentía la necesidad de ser más amable.

Sentía la presión de ser como mi amiga. Ella era muy creativa; cocinaba, cosía, pintaba, empapelaba, cuidaba el jardín y parecía ser todo lo que yo no era, de modo que trataba de ser como ella.

En realidad, yo estaba tratando de ser como tantas personas a la vez que me perdí.

¿Se ha perdido usted también a sí mismo? ¿Está frustrado de tratar de complacer todas las demandas de otras personas mientras usted mismo se siente insatisfecho? Si es así, usted deberá detenerse y tomar la determinación de encontrarse a sí mismo y luego a tener éxito en aceptarse a sí mismo. Si usted procura la estrategia del mundo, tendrá algo gritándole desde cada costado.

Por ejemplo, su madre puede querer que usted sea amable, gentil y amoroso. Su padre puede querer que usted sea fuerte, confiado y decidido. Su madre puede querer que usted la visite con mayor frecuencia. Su padre puede querer que usted pase más tiempo jugando al golf con él. Sus amigos pueden querer que usted prosiga sus estudios. Su doctor o su entrenador físico pueden querer que se ejercite tres veces por semana. Su cónyuge puede querer que esté más disponible y sus hijos pueden necesitar que usted participe más en sus actividades escolares. Su jefe puede querer que usted trabaje tiempo extra, su iglesia puede necesitar que usted sea ujier y ayude en eventos, el director musical puede insistir en que usted cante en el coro, ¡y sus vecinos pueden necesitar que corte el césped con mayor frecuencia!

¿Ha sentido alguna vez que no puede ser lo que todo el mundo quiere que sea? ¿Alguna vez ha sabido muy en el fondo que en realidad usted necesita decirle "no" a una cantidad de personas, pero el temor a desagradarles ha hecho que sus labios digan "Lo intentaré" mientras su corazón gritaba: "¡No puedo hacerlo!"?

Las personas inseguras dicen "sí" cuando en realidad quieren decir "no". Quienes tienen éxito en ser ellos mismos no permiten que otros los controlen. Son guiados por sus corazones, no por el temor a desagradar a otros o ser rechazado por ellos.

No podemos enojarnos con las personas porque pongan demandas sobre nosotros. Es responsabilidad nuestra ordenar nuestras vidas. Necesitamos conocer nuestra identidad, nuestra dirección y nuestro llamado: la voluntad de Dios para nosotros. Debemos tomar las decisiones que nos mantendrán avanzando hacia nuestras metas. Debemos ser personas enfocadas en propósitos.

Recuerdo haberme sentido intensamente presionada cuando las personas me pedían hacer algo que realmente no podía hacer. Pensaba que ellos me estaban presionando, pero en realidad eran mis propios temores e inseguridades los que generaban la presión.

Dave es muy seguro, así que nunca siente ese tipo de presión. Él cree que es guiado por el Espíritu de Dios. Si se siente guiado a hacer algo lo hace. Si siente que algo no es adecuado para él, no lo hace. Para él eso es muy simple.

Le he preguntado muchas veces: "¿No te preocupa lo que piensan otros?". Su respuesta es también simple. Dice: "Lo que ellos piensen no es mi problema". Sabe que su responsabilidad es ser lo que Dios lo ha creado para ser. ¡Y tiene éxito en ser él mismo!

Por cierto, hay veces en la vida en que todos hacemos cosas que preferiríamos no hacer. Hacemos cosas por otros porque los amamos y debemos hacerlas. Pero al hacer eso, estamos siendo guiados por el Espíritu de Dios para caminar en amor y hacer un sacrificio para el beneficio o bienestar de alguien. Eso es enteramente diferente de ser controlado y manipulado por las demandas y expectativas de otras personas.

SER DIFERENTE NO ES MALO

El sol tiene una clase de gloria, mientras que la luna tiene otra y las estrellas tienen otra. Y hasta las estrellas se diferencian unas de otras por la gloria de cada una.
1 Corintios 15:41, NTV

Todos somos diferentes. Como el sol, la luna y las estrellas, Dios nos ha creado para ser diferentes uno de otro, y lo ha hecho con propósito. Cada uno de nosotros satisface una necesidad, y todos somos parte del supremo plan de Dios. Cuando luchamos por ser como otros, no solo nos perdemos a nosotros mismos, sino que también entristecemos al Espíritu Santo. Dios quiere que nos ajustemos a su plan, no que nos sintamos presionados tratando de ajustarnos a los planes de algún otro. Ser diferente es bueno; está muy bien ser diferente.

Todos hemos nacido con diferentes temperamentos, diferentes rasgos físicos, diferentes huellas digitales, diferentes dones y talentos, etc. Nuestra meta debe ser encontrar lo que debemos ser individualmente, y luego tener éxito siéndolo.

Romanos 12 nos enseña que debemos entregarnos a nuestro don. En otras palabras, que debemos encontrar en qué somos buenos y dedicarnos de todo corazón a hacerlo.

He descubierto que disfruto haciendo las cosas para las que

soy buena. Algunas personas sienten que no son buenas para nada, pero eso no es cierto. Cuando hacemos un esfuerzo para hacer lo que otros son buenos para hacer, frecuentemente fracasamos porque no estamos dotados para esas cosas; pero eso no significa que no seamos buenos para nada.

Traté de coser ropa para mi familia porque mi amiga cosía, pero yo no era buena para eso. Traté de aprender a tocar la guitarra y cantar porque me gustaba la música y quería dirigir la alabanza en el estudio bíblico que por entonces estaba realizando en mi casa. No pude aprender a tocar la guitarra porque mis dedos eran demasiado cortos. Yo parecía cantar en una clave en la que no cantaba nadie más, y no sabía absolutamente nada de teoría musical. Así que fracasé también en eso.

Para ser sincera, todo el tiempo que estuve ocupada tratando de ser otra fallé en casi todo. Cuando acepté lo que Dios tenía para mí y comencé a hacerlo, empecé a tener éxito.

Mi pastor me dijo una vez que yo era "una boca" en el Cuerpo de Cristo. Todos somos parte de un cuerpo, y yo soy una boca. ¡Yo hablo! Soy una maestra, una comunicadora; uso mi voz para guiar a la gente. Tengo gran gozo desde que tomé la decisión de estar satisfecha conmigo misma como soy y dejar de tratar de hacer una cosa o ser una persona que no soy. Hay muchas cosas que no puedo hacer, pero estoy haciendo lo que puedo hacer.

Lo animo a concentrarse en su potencial en vez de hacerlo en sus limitaciones.

Todos tenemos limitaciones y debemos aceptarlas. Eso no es malo; simplemente es un hecho. Es maravilloso ser libre para ser diferente, no sentir que algo está mal en nosotros porque somos diferentes.

Debemos estar libres para amarnos y aceptarnos a nosotros mismos y unos a otros sin sentir presión para compararnos o competir. Las personas seguras que saben que Dios las ama y que tiene un plan para ellas no se sienten amenazadas por las capacidades de otras. Disfrutan de lo que otras personas pueden hacer, y disfrutan de lo que ellos pueden hacer.

En Gálatas 5:26, el apóstol Pablo nos urge: *No seamos orgullosos, ni provoquemos el enojo y la envidia de los demás por creernos mejores que ellos* (TLA). Y en el capítulo siguiente, continúa diciendo: *Cada uno debe examinar su propia conducta. Si es buena, podrá sentirse satisfecho de sus acciones, pero no debe compararse con los demás* (Gálatas 6:4, TLA).

La comparación y la competencia son del mundo, no de Dios. El sistema del mundo las demanda, pero el sistema de Dios las condena.

Cuando me presente ante Dios, Él no me preguntará por qué no fui como Dave, o el Apóstol Pablo, o la esposa de mi pastor, o mi amiga. No quiero escuchar que el Señor me diga: "¿Por qué no fuiste tú Joyce Meyer?" Quiero oírlo decirme: "Bien, *buen*[a] *sierv*[a] *y fiel…*" (Mateo 25:23).

Quiero poder decirle al Padre lo que Jesús le dijo en Juan 17:4: *Yo te he glorificado en la tierra; he acabado la obra que me diste que hiciese.*

¿QUIÉNES SON "ELLOS"?

Donde está el Espíritu del Señor, allí hay libertad.
2 Corintios 3:17

Me ha ocurrido que "ellos" parecieran dirigir nuestras vidas. Es asombroso cuántas decisiones tomamos basándonos en la opinión de "ellos". Si comenzamos a escuchar cuidadosamente, nos daremos cuenta de con cuánta frecuencia decimos: "Bueno, usted sabe, ellos siempre dicen".

Por ejemplo, "ellos" deciden qué colores podemos usar juntos, qué estilos de ropa son apropiados, cómo debemos cortar nuestro cabello y lo que está permitido comer y beber. "Ellos" resultan ser una persona o grupo de personas del lugar donde nos encontremos, que no son muy diferentes de nosotros. "Ellos" han establecido un estándar para hacer algo de cierta manera, y ahora todos sentimos que debe ser hecho de esa manera, solo porque "ellos" lo dicen.

Yo comencé a darme cuenta deque "ellos" estaban dirigiendo mi vida, y decidí que eso no me gustaba. Ni siquiera sabía quiénes eran "ellos". Decidí que estaba cansada de estar esclavizada por lo que "ellos" querían y que iba a vivir libre de las ataduras de la opinión pública. Todos nosotros podemos hacerlo, porque Jesús ya nos ha liberado.

¡SOMOS LIBRES! ─────────────────────────────

Así que, si el Hijo os libertare, seréis verdaderamente libres.
Juan 8:36

Está claro que Jesús nos ha hecho libres de ser controlados y manipulados por un elusivo grupo llamado "ellos". Está claro que no tenemos que compararnos con "ellos" o competir con "ellos".

Si realmente fuimos liberados, somos libres para ser quienes somos, ¡no para ser lo que otros son! Eso significa que somos libres para hacer lo que Dios tiene para que nosotros hagamos, no lo que vemos que algún otro hace.

Veo a muchos ministros luchar porque están tratando de hacer en sus ministerios lo que ven hacer a otros. Un pastor puede encontrar una gran iglesia y querer hacer lo que algún otro pastor hizo para hacer que su iglesia crezca. Puede hacer exactamente lo que otra persona hizo para producir excelentes resultados, y que a él no le funcione. ¿Por qué? Porque lo que funciona para él es lo que Dios lo ungió para hacer, no necesariamente lo que otro fue ungido para hacer.

Dios quiere que busquemos en Él respuestas y dirección, no que funcionemos dependiendo de otra gente. Eso no significa que no aprendamos unos de otros, sino que necesitamos mantener el equilibrio en esta área.

He aprendido que por mucho que yo quiera hacer lo que otro

está haciendo, no podré hacerlo a menos que Dios lo quiera y me unja para ello. Él puede tener un plan diferente para mí. Yo debo aceptar eso, o estaré frustrada toda mi vida.

"YO PUEDO HACER...¡LO QUE SEA QUE DIOS DIGA!" ————————

Todo lo puedo en Cristo que me fortalece.

Filipenses 4:13

Frecuentemente hemos oído citar este versículo, pero creo que algunas veces se lo cita fuera de contexto. Él no significa que yo pueda hacer cualquier cosa que quiera hacer o que pueda hacer cualquier cosa que otro hace. Significa que puedo hacer cualquier cosa que Dios quiera que yo haga.

En realidad, en ese versículo el apóstol Pablo se estaba refiriendo a la capacidad de estar humillado o de tener abundancia y estar contento de cualquier manera. Él sabía que, cualquiera fuese el estado en que estuviera, estaba en la voluntad de Dios para él en ese momento, y también sabía que Dios lo fortalecería para hacer lo que Él lo había llamado a hacer.

Este entendimiento de Filipenses 4:13 me ha ayudado grandemente en mi vida y ministerio. Me ha ayudado a mantenerme dentro de los límites de lo que el Señor me ha llamado y equipado para hacer y no tratar de emprender cosas cuyo cumplimiento no corresponde a los talentos y capacidades que Dios me ha dado. Eso no es negativismo, sino sabiduría que viene de Dios.

CONTENTAMIENTO AL RECIBIR EL DON ————————————

Respondió Juan y dijo: No puede el hombre recibir nada, si no le fuere dado del cielo.
Juan 3:27

Esta es otra escritura que verdaderamente me ha ayudado a encontrar paz, gozo y contentamiento en mi vida de trabajo.

Si usted lee los versículos previos en Juan 3, verá que algunos discípulos de Juan el Bautista estaban preocupados de que Jesús también bautizara, y que muchos estaban dejando a su maestro para acudir a Él. Fueron a llevarle ese informe a Juan. Si Juan no hubiera estado seguro de sí mismo y de su llamado, podría haberse vuelto temeroso y celoso. Podría haberse sentido guiado a competir con Jesús para mantener su ministerio. Pero la respuesta de Juan fue el versículo 27. su actitud fue: "Yo solo puedo hacer lo que he sido divinamente autorizado e investido de poder para hacer, así que debo estar contento con ese don y llamado".

Escrituras como esas cambiaron mi vida. A causa de mis experiencias yo tenía muchas debilidades en el área de la competencia. Siempre me estaba comparando con otros, celosa de ellos y de sus posesiones y habilidades. No estaba siendo yo misma, estaba tratando de mantenerme al ritmo de los demás. Frecuentemente me sentía presionada y frustrada porque estaba operando fuera de mis dones y llamado. Cuando por fin comprendí que no debía hacer nada a menos que Dios me hubiera ordenado y ungido para hacerlo, comencé a relajarme y decir: "Yo soy lo que soy. No puedo ser nada a menos que Dios me ayude. Me estoy concentrando en ser lo mejor de mí que puedo ser".

DEJE QUE DIOS ELIJA SU FORMA DE SERVICIO

Así que, hermanos, yo les ruego, por las misericordias de Dios, que se presenten ustedes mismos como un sacrificio vivo, santo y agradable a Dios. ¡Así es como se debe adorar a Dios! Romanos 12:1, RVC

Otra cosa que "ellos" parecen decidir por nosotros es cuál es y cuál no es una profesión importante. Somos llevados a creer que un doctor es más importante que un trabajador de fábrica, un pastor es más importante que un portero, una mujer que dirige un estudio bíblico es más importante que una mujer que es ama de casa y madre.

Si nos creemos esta filosofía, gastaremos nuestras vidas tratando de llegar a ser lo que "ellos" aprueban y, en el proceso, bien podemos perder el verdadero llamado de nuestra vida. Una de mis hijas, Sandra, se está convirtiendo en una oradora pública bastante buena. Mi otra hija, Laura, tiene un deseo principal, y es el de ser una esposa y madre. Se aman y se llevan muy bien. No hay competencia entre ellas. Laura no siente que se lo "esté perdiendo", porque no desea estar en un ministerio a tiempo completo. Ella sabe lo que tiene que hacer y lo está haciendo. No es que Sandra sea "más espiritual" que Laura; simplemente son diferentes, y manejan sus vidas espirituales de diferente manera.

Laura tiene dos hijos y puede estar criando un gran evangelista mundial. A veces son las cosas pequeñas de la vida, que parecen insignificantes, las que tienen el mayor impacto al final. "Ellos" nos dicen que solo las grandes cosas son importantes, pero Dios tiene ideas diferentes. Lo más importante para Él es la obediencia. Laura está siendo obediente al llamado para su vida, y yo me siento tan orgullosa de ella como de mi otra hija.

He conocido muchas esposas de pastores que quieren trabajar full time en la iglesia y participar plenamente en los ministerios de sus esposos. He conocido muchas otras esposas de pastores que quieren ser a tiempo completo una esposa para su esposo y una madre para sus hijos, sin hacer otra cosa para el ministerio que apoyar a su esposo en lo que él pueda necesitarla. Frecuentemente una esposa de pastor sufre inseguridades y se siente presionada a dar estudios bíblicos para las damas o participar en otros aspectos del ministerio de su esposo simplemente porque "ellos" esperan eso de ella.

Parece que en la vida cada rol tras adosadas expectativas, pero debemos asegurarnos de a quién pertenecen esas expectativas.

Recuerdo a la mujer que vino al altar gritando después de un servicio. Decía que todas sus amigas iban a orar a su iglesia a la mañana temprano, y la estaban presionando para que lo hiciera. Ella no se sentía inclinada a ir y se estaba preguntando cuál era su problema. "¿Qué es lo que no anda bien en mí, Joyce?", me preguntó con lágrimas corriendo por sus mejillas.

Le hice algunas preguntas y descubrí que lo que realmente tenía en su corazón era cuidar los niños de las damas mientras ellas asistían a la oración matinal. Esta mujer tenía un don para trabajar con niños, y lo que deseaba era ayudar de esta manera.

Cuando presionamos a la gente para que haga lo que nosotros estamos haciendo, o lo que pensamos que debería hacer, frecuentemente perdemos el don con el que podrían contribuir si dejáramos que Dios eligiera sus ministerios. Las personas están naturalmente inclinadas a querer hacer lo que Dios las ha dotado para hacer. De la misma manera, no nos sentimos satisfechos si reprimimos nuestros dones y hacemos lo que otros están haciendo solo para ser aprobados o aceptados por ellos.

Esta joven dama se sintió bastante aliviada cuando le dije que no había nada errado en ella. Ella tenía una buena vida de oración; solo que no iba a ejercerla yendo a la oración matinal de la iglesia tres veces por semana. Le recomendé que se mantuviera firme con sus amigas, diciéndoles exactamente lo que había en su corazón. Si ellas querían beneficiarse de su don, excelente; si no, ellas se lo perdían.

He descubierto que se requiere firmeza para ser guiado por el Espíritu Santo, porque Él no siempre nos lleva a hacer lo que los demás están haciendo. Algunas personas inseguras tienden a sentirse "a salvo" haciendo lo que otros hacen. Tienen temor de "romper el molde" o pararse solos. Cada vez que salimos fuera de los límites de lo que "ellos" dicen que está permitido, corremos el riesgo de ser juzgados o criticados. La gente insegura usualmente responde a las expectativas y demandas de otros antes que enfrentar la desaprobación y el posible rechazo.

No debemos permitir que tales cosas nos priven de cumplir el propósito que Dios nos ha dado.

CÓMO MANEJAR LAS CRÍTICAS Y LOS JUICIOS

De manera que cada uno de nosotros dará a Dios cuenta de sí
Romanos 14:12

Confrontar las críticas y juicios de otros se hace fácil cuando recordamos que en última instancia es delante de nuestro Maestro que estamos en pie o caemos (vea Romanos 14:4). Al final responderemos solamente a Dios. Es un pecado ser criticón y juzgador, pero es igualmente pecaminoso permitir que las opiniones adversas de otras personas controlen nuestras decisiones. Romanos 14:23 (RVC) dice que todo lo que no se hace por convicción es pecado.

Nosotros ansiamos aceptación; por consiguiente, las críticas y juicios nos resultan mental y emocionalmente duros. ¡Realmente duele ser criticado o juzgado! Sin embargo, si vamos a tener éxito en ser nosotros mismos, debemos tener la misma actitud que mostró Pablo cuando escribió:

> *Yo en muy poco tengo el ser juzgado por vosotros, o por tribunal humano; y ni aun yo me juzgo a mí mismo. Porque aunque de nada tengo mala conciencia, no por eso soy justificado; pero el que me juzga es el Señor.*
> 1 Corintios 4:3-4

Disfruto particularmente de la paráfrasis que Ben Campbell Johnson hace de este pasaje:

> *Yo no soy el menos preocupado por el hecho de que ustedes estén decidiendo qué está bien o mal en mí e incluso me sentencien. Ni ustedes ni nadie pueden menospreciarme a menos que primero yo mismo me menosprecie. (Y no lo estoy haciendo). Pero aunque no sé de nada contra mí, mi ignorancia*

no significa que mi apreciación sea correcta, porque la evaluación final está en las manos de Dios.

El criticar y el juzgar son herramientas del diablo. Él las usa para frenar a la gente para que no cumpla su destino y robarle su libertad y creatividad.

Algunas personas critican todo lo que es diferente de sus gustos. Es interesante notar que la mayoría de esas personas son muy inseguras, es por eso que se sienten incómodas con las personas que no se conforman a su manera de pensar o actuar.

En los años en que era insegura me encontraba la mayor parte del tiempo siendo crítica y, por supuesto, siempre hacia quienes no pensaban o actuaban como yo. Ellos me hacían sentir incómoda. Finalmente me di cuenta de que su decisión de ser diferentes desafiaba mi decisión.

Las personas seguras pueden soportar ser las únicas que hacen algo. Ellas no tienen dificultad en permitir que sus amigos y los miembros de su familia tengan la libertad de tomar sus propias decisiones.

Como lo mencioné previamente, mi esposo Dave es muy seguro, y me ha permitido tener éxito en ser yo misma. No se siente amenazado por mi éxito en la vida porque se siente cómodo consigo mismo. Le gusta ser quien es. No competimos entre nosotros. Ninguno de nosotros es más importante que el otro. Sencillamente somos libres para ser todo lo que podemos ser, y sin embargo, ser muy diferentes.

No juzgamos ni criticamos las diferencias del otro, las aceptamos. No siempre fue así, pero aprendimos a través de los años que estamos llamados a amarnos uno al otro, no a cambiarnos uno al otro.

Pablo no permitió que las opiniones de otros cambiaran su destino. En Gálatas 1:10, dijo que si hubiera estado buscando ser popular con la gente, no habría llegado a ser un apóstol del Señor Jesucristo. Esa afirmación debe enseñarnos mucho.

¿Cómo podremos tener éxito en ser nosotros mismos si estamos demasiado preocupados por lo que piensan otras personas?

En Filipenses 2:7, Pablo nos dice que Jesús *se rebajó voluntariamente* (NVI). Jesús, obviamente, no estaba preocupado por lo que pensaran otros. Él tenía una meta: hacer la voluntad del Padre, ni más ni menos. Sabía que debía mantener su libertada para cumplir su destino.

Las críticas y los juicios pueden ser dolorosos pero no tan dolorosos como que nosotros mismos permitamos ser controlados y manipulados por esas críticas y juicios. Para mí, la peor tragedia de la vida sería llegar a vieja y sentir que en algún lugar del camino me perdí a mí misma y que nunca tuve éxito en ser yo misma.

¿Se ha perdido usted a sí mismo o se ha encontrado a sí mismo?

5

SE REQUIERE CONFIANZA

5
SE REQUIERE CONFIANZA

Para tener éxito en ser nosotros mismos, debemos tener confianza. No es la confianza en nosotros mismos lo que debemos buscar, sino la confianza en Cristo. Me gusta la traducción de Filipenses 4:13 de la Nueva Traducción Viviente (NTV), que dice: "todo lo puedo hacer por medio de Cristo, quien me da las fuerzas". Realmente es un pecado confiar en nosotros mismos, pero confiar en Cristo debería ser la meta de todo creyente.

> Pero bendito el hombre que confía en mí, que soy el Señor, y que en mí pone su confianza.
>
> JEREMÍAS 17:7, RVC

Jesús dijo: *separados de mí nada podéis hacer* (Juan 15:5). Parece que tardamos una eternidad en aprender realmente esta verdad. Seguimos intentando hacer las cosas en la fuerza de nuestra propia carne en vez de poner toda nuestra confianza en Él.

La mayor parte de nuestra agonía interior, nuestra lucha y frustración, proviene de no confiar adecuadamente. En Filipenses 3:3, Pablo dice que no debemos poner nuestra confianza en la carne. Esto quiere decir en nosotros mismos y también en nuestros amigos y familia. No estoy diciendo que no podamos confiar en nadie, pero si damos a otros o a nosotros mismos la confianza que solamente le corresponde a Dios, no experimentaremos la victoria. Dios no permitirá que tengamos éxito hasta que nuestra confianza esté en el lugar correcto, o mejor dicho, en la Persona correcta. Él está dispuesto a darnos la victoria, pero debe tener la gloria, que es el crédito que le es debido.

TENGA CONFIANZA SOLAMENTE EN DIOS

Así ha dicho el Señor: Maldito el hombre que confía en otro hombre; que finca su fuerza en un ser humano, y aparta de mí su corazón.
Jeremías 17:5, RVC

Para tener éxito en algo, debemos tener confianza, pero primero y ante todo debe ser confianza en Dios, no en otra cosa. Debemos desarrollar confianza en el amor, la bondad y la misericordia de Dios. Debemos creer que Él quiere que tengamos éxito. Dios no nos creó para el fracaso. Podemos fallar en algunas cosas en nuestro camino hacia el éxito, pero si confiamos en Él, Él tomará incluso nuestros errores y hará que resulten para nuestro bien (vea Romanos 8:28).

Hebreos 3:6 nos dice que debemos retener...*firme hasta el fin la confianza y el gloriarnos en la esperanza.* Es importante darse cuenta de que un error no es el fin de las cosas, si nos aferramos a nuestra confianza.

He descubierto que Dios tomará mis errores y los convertirá en milagros, si sigo confiando plenamente en Él

Todos tenemos un destino, y en mi caso yo estaba destinada a convertirme en una maestra de Biblia y ministro. Fue la voluntad de Dios para mí desde antes de la fundación de la tierra que yo diera a luz y operara un ministerio llamado Life In The Word (Vida en la Palabra). Si no hubiera hecho esto, nunca habría tenido éxito en ser yo misma. Me habría sentido frustrada e insatisfecha toda mi vida.

El hecho de estar destinados a hacer algo no significa que vaya a suceder de forma automática. Yo pasé por muchas cosas mientras Dios nos hacía crecer, a mí y a mi ministerio. Muchas veces tuve ganas de renunciar y darme por vencida. A menudo perdía la confianza respecto al llamado para mi vida. Cada vez tenía que recuperar mi confianza antes de poder volver a avanzar.

Definitivamente se requiere confianza para que cualquiera de nosotros pueda en verdad tener éxito en ser nosotros mismos.

Confíe continuamente

...Mas el justo por la fe vivirá.
Romanos 1:17

La confianza es en realidad fe en Dios. Debemos aprender a confiar continuamente, no de vez en cuando.

Por ejemplo, tuve que aprender a mantenerme confiando en Dios cuando alguien se levantaba y se iba mientras yo predicaba. Al comienzo de mi ministerio ese tipo de acontecimientos hacía surgir todas mis inseguridades y prácticamente destruía mi confianza.

Mis amigos y mi familia me habían dicho que una mujer no debería predicar la Palabra de Dios. También sabía que a algunas personas, en particular a algunos hombres, les resultaba difícil recibir la Palabra de una mujer. Eso era confuso para mí porque sabía que Dios me había llamado y ungido para predicar su Palabra. De lo contrario no podría haberlo hecho; pero me seguía afectando el rechazo de la gente, porque me faltaba confianza. Tenía que crecer en confianza hasta el punto en que las opiniones de la gente y su aceptación o rechazo no alterarán mi nivel de confianza. Mi confianza tenía que estar en Dios, no en la gente.

Cuando el crecimiento y progreso de mi ministerio parecían ser dolorosamente lentos, tuve que poner en práctica el estar confiando continuamente. Es más fácil mantenerse confiando cuando vemos el progreso, pero durante un tiempo de espera el diablo ataca nuestra confianza e intenta destruirla.

Básicamente, Romanos 1:17 nos dice que podemos ir de fe en fe. Yo pasé muchos años yendo de la fe a la duda, a la incredulidad y después otra vez a la fe. Perdí mucho tiempo precioso hasta que me volví constante en mi caminar en fe. Desde entonces, he tratado de practicar el estar confiada en todas las cosas. He aprendido que cuando pierdo mi confianza, dejo abierta una puerta para el diablo.

Durante esos tiempos en que Satanás atacaba mi nivel de confianza mientras yo ministraba la Palabra, comencé a darme cuenta de que si no me ponía firme rápidamente contra esos ataques, las cosas irían de mal en peor. Aprendí que cuando le daba un punto de apoyo al diablo, él a menudo conseguía una fortaleza. Si le permitía robar mi confianza, de repente no tenía fe para nada de lo que hacía en los servicios.

Me volvía temerosa respecto de las ofrendas. Pensaba: "¿Y si la gente se ofende porque hablo de dinero?". Me daba temor publicitar mis grabaciones de enseñanza. Pensaba: "¡A la gente no le gusta que hable de estas grabaciones!". Mientras enseñaba la Palabra tenía toda clase de pensamientos negativos que provocaban temor en mí; cosas como: "Este mensaje no tiene sentido. Estoy aburriendo a todos. Este no es el mensaje correcto para esta noche; debería haber predicado otra cosa".

Durante esos ataques demoníacos, que lograban entrar por mi falta de confianza, si alguien se levantaba y se iba, yo estaba segura de que era por mi causa.

Recuerdo un caso que ocurrió en la ciudad de Oklahoma. Una mujer que estaba sentada en la segunda fila se levantó y se fue unos cinco minutos después de que comencé mi mensaje. Inmediatamente me sentí insegura, y Satanás comenzó a sacudir mi confianza. Me molestó durante todo el todo servicio. Esa noche, más tarde, se lo comenté a Dave y me dijo: "Ah, olvidé decirte que esa mujer dijo que tenía que ir a trabajar, pero que te ama mucho, y tu enseñanza le es de tanto provecho que decidió que aunque solo pudiera estar para la adoración y cinco minutos de tu enseñanza, para ella valía la pena venir".

Podemos ver fácilmente a partir de este ejemplo cómo Satanás obra para engañarnos. Si mi nivel de confianza hubiera sido consecuente y fuerte, yo habría pensado positivamente en vez de negativamente en esa situación.

Dios me ha dicho que por encima de todo tengo que estar confiando continuamente. Cuando pierdo mi confianza, le doy lugar al diablo.

El mismo principio se aplica a usted.

Confíe en su capacidad en Cristo respecto a sus dones y su llamado. Crea que usted oye a Dios y que es guiado por el Espíritu Santo. Confíe en que usted le agrada a la gente, y descubrirá que más personas lo hacen. Sea valiente en el Señor. ¡Véase a sí mismo como un ganador en Él!

MÁS QUE VENCEDORES

Antes, en todas estas cosas somos más que vencedores por medio de aquel que nos amó.
Romanos 8:37

Necesitamos tener un sentido de triunfo. En Romanos 8:37 Pablo nos asegura que por medio de Cristo Jesús somos más que vencedores. Creer esa verdad nos da confianza.

Una vez oí que una mujer es más que vencedora si su marido sale, trabaja toda la semana y le trae su sueldo a casa. Pero Dios me habló y me dijo: "Tú eres más que vencedora cuando sabes que ya tienes la victoria aun antes de tener un problema".

A veces nuestra confianza es sacudida cuando vienen las pruebas, especialmente si son prolongadas. Deberíamos tener tanta confianza en el amor de Dios por nosotros que sin importar lo que venga contra nosotros, sepamos en lo profundo de nuestro ser que somos más que vencedores. Si estamos realmente confiados, no tenemos por qué temer problemas, desafíos o tiempos difíciles, porque sabemos que pasarán.

Cada vez que una prueba de cualquier naturaleza venga contra usted, recuerde siempre: *¡Esto también pasará!* Confíe en que durante la prueba usted aprenderá algo que le ayudará en el futuro.

Sin confianza somos reprimidos a cada instante. Satanás deja caer una bomba, y nuestros sueños se destruyen. Con el tiempo volvemos a empezar, pero nunca progresamos mucho. Comenzamos y somos derrotados, comenzamos y somos derrotados, comenzamos y somos derrotados, una y otra vez.

Pero quienes están confiando constantemente, los que saben que son más que vencedores por medio de Jesucristo, hacen rápidos progresos.

Debemos dar un paso de fe y decidir tener confianza en todas las cosas. Dios puede tener que corregirnos de vez en cuando, pero eso es mejor que no arriesgarse y no hacer nada nunca.

Las personas confiadas hacen el trabajo, tienen ministerios que están haciendo una diferencia en el mundo de hoy. Están satisfechas porque están teniendo éxito en ser ellas mismas.

Dios ha tratado conmigo respecto a la confianza. Una vez me dijo: "Joyce, ten confianza en tu vida de oración, confía en que me oyes a Mí. Confía en que estás caminando en mi voluntad. Confía en que estás predicando el mensaje correcto. Confía cuando le dices una palabra a tiempo a alguien que necesita escucharla". Y sigue enfatizando en mí la importancia de confiar en Él.

Ahora yo enfatizo en usted la importancia de confiar. Tome la decisión de que la duda acerca de sí mismo es una cosa del pasado.

EL TORMENTO DE DUDAR DE SÍ MISMO ————————————

> *Y David se angustió mucho, porque el pueblo hablaba de apedrearlo, pues todo el pueblo estaba en amargura de alma, cada uno por sus hijos y por sus hijas; mas David se fortaleció en Jehová su Dios.*
> *1 Samuel 30:6*

Si no creemos en nosotros mismos, ¿quién lo hará? Dios cree en nosotros, y eso también es bueno; de lo contrario, nunca podríamos progresar. En nuestras vidas, no podemos esperar que venga alguien y nos anime a ser todo lo que podemos ser.

Podríamos ser lo suficientemente bendecidos como para tener ese tipo de apoyo, pero podría ser que no lo tuviéramos.

Cuando David y sus hombres se encontraban en una situación al parecer sin esperanza, por la cual los hombres lo culpaban, él se animó y se fortaleció en el Señor. Después, esa situación se revirtió totalmente (vea 1 Samuel 30:1-20).

En una ocasión anterior, cuando David era solo un muchacho, todos a su alrededor lo desalentaron respecto a su capacidad para luchar contra Goliat. Le dijeron que era demasiado joven y demasiado inexperto, que no tenía la armadura adecuada o las armas apropiadas, que el gigante era demasiado grande y demasiado poderoso, etc., etc. David, sin embargo, estaba confiando en Dios.

En realidad, todas las cosas que la gente decía eran ciertas. David era demasiado joven, inexperto, sin armadura o armas en lo natural, y definitivamente Goliat era más grande y más poderoso que él. Pero David conocía a su Dios y tenía confianza en Él. Creía que Dios sería la fuerza en su debilidad y le daría la victoria. Salió en el nombre del Señor, con un corazón lleno de confianza y se convirtió en el matador de gigantes que con el tiempo fue coronado rey (vea 1 Samuel 17).

David no tenía a nadie que creyera en él, de modo que creyó en sí mismo. Creyó en la capacidad de Dios en él.

El Señor me dijo en una ocasión que si yo no creía en mí misma, en realidad no creía adecuadamente en Él. Me dijo: "Yo estoy en ti, pero solamente puedo hacer a través de ti lo que tú crees".

El dudar de uno mismo es absolutamente atormentador, Lo viví por muchos años, y, personalmente, prefiero la confianza.

Usted puede estar pensando: "Bueno, Joyce, yo desearía tener confianza".

La confianza es algo que nosotros decidimos tener. Aprendemos acerca de Dios —acerca de su amor, sus caminos y su Palabra— luego, en última instancia, nosotros debemos *decidir* si creemos o no. Si creemos, entonces tenemos confianza. Si no creemos, vivimos dudando acerca de todo.

Dudar de uno mismo es doble ánimo, y Santiago 1:8 en la versión nos enseña que el hombre de doble ánimo es inconstante en todos sus caminos. Realmente usted no puede avanzar hasta que decide creer en Dios y en sí mismo.

¡DEJE DE TENERSE EN POCO!

Mas a Dios gracias, el cual nos lleva siempre en triunfo en Cristo Jesús
2 Corintios 2:14

Lo animo a dar un gran paso de fe y a *dejar de dudar de sí mismo*. Como dice el antiguo refrán: "No se tenga en poco". Usted tiene más capacidades de las que cree tener. Usted es capaz de hacer mucho más que lo que hizo en el pasado. Dios le ayudará, si pone su confianza en Él y deja de dudar de sí mismo.

Como todos los demás, usted cometerá errores, pero Dios le permitirá aprender de ellos y hará que resulten para su bien si usted decide no ser derrotado por ellos. Cuando la duda comience a atormentar su mente, comience a declarar con su boca la Palabra de Dios, y ganará la batalla.

6

SER LIBRE PARA DESARROLLAR SU POTENCIAL

6

SER LIBRE PARA DESARROLLAR SU POTENCIAL

Cuando estamos confiados y libres de temores que nos atormenten, somos capaces de desarrollar nuestro potencial y tener éxito en ser todo lo que Dios quiso que fuéramos. Pero no podemos desarrollar nuestro potencial si tememos fracasar. Tendremos tanto temor de fallar o cometer errores que nos impedirá avanzar.

> ¿No sabéis que los que corren en el estadio, todos a la verdad corren, pero uno solo se lleva el premio? Corred de tal manera que lo obtengáis.
>
> 1 CORINTIOS 9:24

Recientemente hablé con un joven de nuestro personal que tiene un gran potencial, pero había rechazado dos ascensos que le ofrecimos. Sentí en mi espíritu que él estaba inseguro y no se daba cuenta de lo mucho que podría lograr para el Reino de Dios si tan solo diera un paso de fe y confianza. Sus inseguridades lo tenían atrapado. Hacía su trabajo habitual de manera excelente y recibía buenos comentarios al respecto, pero temía aceptar el ascenso. Era más fácil y más cómodo quedarse simplemente en el mismo puesto.

Cuando estamos inseguros, frecuentemente nos quedaremos con lo que es seguro y familiar en vez de correr el riesgo de salir y fallar.

Yo sentía que por el particular tipo de personalidad de este joven, a él no le gustaba el cambio. Su vacilación para aceptar una responsabilidad mayor lo hacía rechazar oportunidades de progreso. Decía sentir que no estaba listo, y la verdad es que ninguno de nosotros está listo jamás. Pero cuando Dios está listo para moverse en nuestras vidas, es necesario que creamos que Él nos equipará con lo que necesitemos en el momento en que lo necesitemos.

Nuestro problema no es sentir sinceramente que no estamos listos para el siguiente paso; es sentirnos orgullosamente listos cuando en realidad no lo estamos. El orgullo siempre causa problemas y al final el fracaso. Apoyarse humildemente en Dios conduce al éxito. Yo creo que Dios nos llama a salir cuando *no* nos sentimos listos, para que tengamos que apoyarnos totalmente en Él.

Hablé con el joven y lo alenté. Dijo que sabía que yo tenía razón y que quería empezar a avanzar. Dijo que le había estado pidiendo a Dios que le permitiera hacer algo diferente, y sin embargo, cada vez que le ofrecían una nueva oportunidad para el crecimiento y el servicio, siempre la rechazaba.

La inseguridad, el dudar de uno mismo y el temor pueden impedir completamente que alcancemos todo nuestro potencial. Pero si nuestra confianza está en Cristo más que en nosotros mismos, somos libres para desarrollar nuestro potencial, porque estamos libres del temor al fracaso.

Como cristianos, nuestro trabajo número uno es el desarrollo del potencial personal. El diccionario de Noah Webster de 1828, *American Dictionary of The English Language* (Diccionario estadounidense del idioma inglés), define en parte *potencial* como "que existe en posibilidad, no en acto".[1] Luego define en parte *potencialidad* como "no activamente".[2]

En otras palabras, donde hay potencial, todas las partes necesarias para el éxito están ahí, pero todavía no están puestas en acción. Todavía necesitan algo que las impulse, algo que les dé poder y las motive. A menudo están en forma embrionaria: necesitan ser desarrolladas.

El potencial no puede manifestarse sin forma. Tiene que haber algo en lo cual se vierte, algo que hará que tome forma y se vuelva útil. Cuando le ofrecimos un ascenso a ese joven, le estábamos ofreciendo una forma en la cual verter su potencial. Él nunca lo vería tomar forma a menos que hiciera algo para ejercerlo. Tenía un potencial, pero necesitaba que se lo desarrollara.

El promotor inmobiliario de una urbanización tiene en su oficina planos, pero siguen siendo solamente dibujos en papel hasta que realmente se manifiesten como casas. ¿Qué hay en el espacio entre el potencial y la manifestación? Creo que son tres cosas: tiempo, determinación ¡y mucho trabajo!

La cantidad de potencial desperdiciado, sin desarrollar en el mundo es patética. Dios pone parte de Sí mismo en cada uno de nosotros. Somos creados a su imagen, y Él está lleno de potencial: *con Dios nada es imposible* (Mateo 19:26, paráfrasis de la autora.)

Todos tenemos potencial y muchos de nosotros queremos una manifestación de él, pero con demasiada frecuencia no estamos dispuestos a esperar, a ser decididos y a trabajar mucho en el desarrollo de ese potencial. Deseamos mucho pero nos esforzamos poco.

El desarrollo y la manifestación del potencial requieren una fe firme, no ilusiones.

Los sueños y las visiones se desarrollan de una manera similar a la forma en que un niño se desarrolla en el vientre de su madre. Ciertas cosas deben ser hechas de cierta manera, o la mujer embarazada nunca dará a luz un bebé sano. Ella debe esperar el término completo; un nacimiento prematuro producirá un niño enfermizo. También debe estar completamente decidida y dispuesta a esforzarse mucho para dar a luz lo que está dentro de ella. Cualquier mujer que haya dado a luz y recuerde su parto puede decir sí y amén a ese hecho.

¡NO HAGA PLANES PEQUEÑOS! ─────────────────

La casa se edifica con sabiduría y se afirma con inteligencia. Sus alcobas se llenan con buen juicio, y con todo bien preciado y agradable.
Proverbios 24:3-4, RVC

Espero que usted tenga en su corazón un sueño o una visión de algo mayor que lo que tiene ahora. Efesios 3:20 nos dice que Dios es capaz de hacer mucho más abundantemente y más allá de todo lo que podemos esperar o pedir o pensar. Si no estamos pensando, esperando o pidiendo nada, nos engañamos a nosotros mismos. Es necesario que pensemos en grande, que esperemos grandes cosas y pidamos grandes cosas.

Yo siempre digo: prefiero pedirle a Dios mucho y obtener la mitad, que pedirle poquito y obtener todo. Sin embargo, es una persona imprudente quien solo piensa, sueña y pide en grande, pero no se da cuenta de que la casa se edifica con sabiduría. Los sueños para el futuro son posibilidades, pero no lo que llamo "efectividades". En otras palabras, son posibles, pero no ocurrirán efectivamente a menos que hagamos nuestra parte.

Cuando vemos a un atleta de veinte años de edad, que es un medallista de oro en los Juegos Olímpicos, sabemos que pasó muchos años practicando mientras otros estaban jugando. Puede no haber tenido toda la "diversión" que sus amigos tenían, pero él desarrolló su potencial. Ahora tiene algo que le traerá alegría por el resto de su vida.

Demasiadas personas usan el método de "solución rápida" para todo. Solo quieren lo que les hace sentirse bien ahora mismo. No están dispuestos a invertir para el futuro.

No se limite a entrar en la carrera por el gusto de estar en ella: *¡corra para ganar!* (1 Corintios 9:24-25.)

Hay una mina de oro oculta en cada vida, pero tenemos que cavar para llegar a ella. Debemos estar dispuestos a cavar hondo e ir más allá de lo que sentimos o de lo que es conveniente. Si cavamos profundamente en el espíritu, encontraremos fuerzas que nunca supimos que teníamos.

Cuando Dios me llamó al ministerio, yo quería cumplir con su llamado más que ninguna otra cosa. Ni siquiera sabía por dónde empezar, y mucho menos cómo terminar la tarea. Cuando Dios me dio ideas ungidas y me abrió puertas de oportunidad para el servicio, salí en fe. En cada ocasión Él me llenó con la fuerza, la sabiduría y la capacidad que se necesitaban para tener éxito. Yo tenía reservas que ni siquiera sabía que existían, pero Dios ya sabía lo que había depositado en mí hacía mucho tiempo.

Muy frecuentemente miramos una tarea y pensamos que no hay manera de que podamos hacer lo que se debe hacer. Eso ocurre porque nos miramos a nosotros mismos cuando deberíamos estar mirando a Dios.

Cuando el Señor llamó a Josué para tomar el lugar de Moisés y guiar a los israelitas a la Tierra Prometida, le dijo: *como estuve con Moisés, estaré contigo; no te dejaré, ni te desampararé* (Josué 1:5).

Si Dios promete estar con nosotros —y está— eso es todo lo que realmente necesitamos. Su poder se perfecciona en nuestra debilidad (2 Corintios 12:9). Cualquier elemento que nos falte en el hombre natural, Él lo añade al hombre espiritual. Podemos extraer del espíritu lo que necesitamos.

Saque fuerzas del Señor

Fortaleceos en el Señor, y en el poder de su fuerza.
Efesios 6:10

En este pasaje, Pablo nos asegura que el Espíritu Santo derramará fuerza en nuestro espíritu humano cuando tengamos comunión con Él.

En Efesios 3:16, Pablo ora al Señor por nosotros: *que os dé, conforme a las riquezas de su gloria, el ser fortalecidos con poder en el hombre interior por su Espíritu.*

En Isaías 40:31, el profeta nos dice que *los que esperan a Jehová tendrán nuevas fuerzas; levantarán alas como las águilas; correrán, y no se cansarán; caminarán, y no se fatigarán.*

Es muy obvio, de estas escrituras y de otras similares, que somos fortalecidos cuando vamos a Dios por lo que nos esté faltando.

Cuando comencé el ministerio, yo tenía potencial, pero tuve que trabajar por mucho tiempo con lo que tenía. Dios me ayudó, y poco a poco avancé hasta el lugar en que estoy actualmente. Ciertamente, no siempre fue fácil. Hubo muchas, muchas veces en que pensé que no podía continuar. La responsabilidad con frecuencia parecía más de lo que yo podía manejar. Después de todo, también soy una esposa y la madre de cuatro hijos maravillosos. Pero estaba motivada por el deseo de ser todo lo que podía ser.

En mi vida había habido mucha gente que me había dicho que yo nunca iba a llegar a nada, así que estaba decidida a no sucumbir a sus vaticinios negativos. Dios me había dicho que yo tenía potencial y futuro, y que si confiaba en Él, trabajaba mucho y rehusaba rendirme, Él cruzaría conmigo la línea de llegada.

La mayoría de las cosas que verdaderamente vale la pena hacer no son fáciles: no somos llenos del Espíritu de Dios para hacer cosas fáciles. ¡Él nos llena con su Espíritu para que podamos hacer cosas imposibles!

Si quiere desarrollar su potencial y tener éxito en ser todo lo que puede ser, *¡mantenga los ojos en el premio y siga adelante!* No será todo fácil, pero todo valdrá la pena.

No puedo decirle lo contenta que estoy ahora de no haberme dado por vencida en algún punto a lo largo del camino. Hubiera sido fácil poner excusas y abandonar, pero ahora estaría sentada en algún sitio, totalmente insatisfecha e infeliz, probablemente preguntándome por qué la vida me había tratado tan mal.

La mayoría de quienes culpan a todos y a todo por sus fracasos tenían potencial, pero no sabían cómo desarrollarlo o no estaban dispuestos a cumplir sus requerimientos.

Cuando las cosas no funcionan en nuestras vidas, no es culpa de Dios. Él tiene un gran plan para cada uno de nosotros. En realidad no tenemos que culpar a las circunstancias, porque pueden ser vencidas con fe y determinación. El problema no son otras personas porque Romanos 8:31 dice: *Si Dios es por nosotros, ¿quién contra nosotros?* . . . Aunque efectivamente las personas vengan contra nosotros, y Satanás efectivamente las use para obstaculizarnos y atormentarnos, no pueden prevalecer. Si Dios está de nuestro lado, sencillamente no importa quién venga contra nosotros; ellos no son más poderosos que Él. La verdad es que, cuando las cosas no nos salen bien y sentimos que estamos sentados en algún lugar a la vera del camino, y la vida que nos pasa mientras todos los demás son exitosos, es porque no hemos obedecido a Dios, no proseguimos y no estuvimos dispuestos a dar gigantes pasos de fe. No hemos estado dispuestos a parecer tontos, a ser juzgados y criticados, a que se burlen, a ser rechazados y etiquetados como radicales que deberían calmarse y "seguir la corriente".

El mundo quiere *conformarnos*, pero el Señor quiere *transformarnos*, si hacemos las cosas a su manera. Él nos tomará y nos transformará en algo mayor que lo que pudimos soñar jamás, si rehusamos darnos por vencidos y seguimos corriendo la carrera que tenemos por delante.

CORRER LA CARRERA

Quitémonos todo peso que nos impida correr, especialmente el pecado que tan fácilmente nos hace tropezar. Y corramos con perseverancia la carrera que Dios nos ha puesto por delante.
Hebreos 12:1, NTV

Cuando el autor de la carta a los Hebreos les dijo que se *quitaran todo peso que [les] impidiera correr*, estaba pensando en los corredores de su tiempo que entraban en las carreras con intención de ganar. Ellos, literalmente, se quitaban la ropa hasta dejarse solo un simple taparrabos. Se aseguraban de que no hubiera nada que pudiera enredarlos e impedir que corrieran lo más rápido posible. ¡Corrían para ganar! Algunas personas corren, pero no para ganar; solamente quieren la diversión de estar en la carrera.

Para desarrollar nuestro potencial y tener éxito en convertirnos en lo que Dios quiere, tendremos que dejar de lado otras cosas. Para ser un ganador en la vida debemos hacer aquellas cosas que apoyan nuestros objetivos y nos ayudan a cumplir nuestro propósito. Tenemos que aprender a decir "no" a personas bienintencionadas que quieren que participemos de un sinfín de cosas que en definitiva roban nuestro tiempo y no producen fruto.

El apóstol Pablo tenía la intención de desarrollar su potencial. Se imaginaba a sí mismo en una carrera, esforzándose con cada nervio y cada músculo y ejercitando cada onza de fuerza, como un corredor, con las venas hinchadas, no fuera a ser que no llegara a la meta.

Debemos decidirnos y ponernos de acuerdo con Dios en que vamos a ser excelentes, no mediocres. Tenemos que hacer un inventario de nuestra vida y podar en ella todo lo que nos enrede o simplemente robe nuestro tiempo. Debemos ser decididos, trabajar arduamente, y rehusar abandonar o darnos por vencidos, sacando fuerzas de Dios y no dependiendo de nosotros mismos. Si hacemos estas cosas persistentemente, al final tendremos la victoria. Si estamos en la carrera solo para divertirnos, no ganaremos el premio.

Hebreos 12:1 nos dice que nos quitemos y dejemos de lado todo peso y el *pecado* que nos asedia. Es prácticamente imposible ser un éxito espiritual con pecados voluntarios, conocidos en nuestras vidas. No quiero decir que debemos ser ciento por ciento perfectos para que Dios nos use, pero sí que debemos tener una actitud resuelta respecto a mantener el pecado fuera de nuestras vidas. Cuando Dios dice que algo está mal, pues está mal. No necesitamos discutir, teorizar, culpar o dar excusas o autocompadecernos; tenemos que estar de acuerdo con Dios, pedir perdón y trabajar con el Espíritu Santo para sacar eso de nuestras vidas para siempre.

Me temo que la Iglesia de hoy en día no se preocupa suficientemente por la santidad. La gente por lo general no suele entusiasmarse cuando predicamos al respecto, y me he dado cuenta de que no compran muchos álbumes de enseñanza sobre el tema. Una nueva serie de grabaciones sobre el éxito se vende bien, pero la santidad y la crucifixión de la carne no son tan populares, al menos no entre algunas personas. Pero gracias a Dios, está el remanente, esos pocos raros individuos que no están solamente para "divertirse", sino que tienen la intención de glorificar a Dios con sus vidas al ser todo lo que Él quiso que fueran.

SEA MODERADO EN TODAS LAS COSAS

> *¿No sabéis que los que corren en el estadio, todos a la verdad corren, pero uno solo se lleva el premio? Corred de tal manera que lo obtengáis. Todo aquel que lucha, de todo se abstiene; ellos, a la verdad, para recibir una corona corruptible, pero nosotros, una incorruptible. Así que, yo de esta manera corro, no como a la ventura; de esta manera peleo, no como quien golpea el aire, sino que golpeo mi cuerpo, y lo pongo en servidumbre, no sea que habiendo sido heraldo para otros, yo mismo venga a ser eliminado.*
> *1 Corintios 9:24-27*

Aquellos de nosotros que tenemos la intención de correr la carrera para ganar debemos conducirnos con moderación y limitarnos en todas las cosas. No podemos esperar que algún otro nos haga hacer lo que es correcto. Debemos escuchar al Espíritu Santo y actuar por nosotros mismos.

Pablo dijo que golpeaba su cuerpo. Quería decir que lo disciplinaba porque no quería predicar a otros, diciéndoles lo que deberían hacer, y luego fallar él mismo en hacerlo. ¡Pablo estaba corriendo la carrera para ganar! Sabía que no podría desarrollar su potencial sin poner su cuerpo, su mente y emociones bajo el control de su espíritu.

La autodisciplina es la característica más importante en cualquier vida pero, sobre todo, en la vida del cristiano. A menos que disciplinemos nuestras mentes, nuestras bocas y nuestras emociones, viviremos en la ruina. A menos que aprendamos a gobernar nuestro temperamento, nunca podremos lograr el éxito que por derecho nos corresponde.

Considere las siguientes escrituras:

El que fácilmente se enoja hará locuras
Proverbios 14:17

Mejor es el que tarda en airarse que el fuerte; y el que se enseñorea de su espíritu, que el que toma una ciudad.
Proverbios 16:32

No te apresures en tu espíritu a enojarte; porque el enojo reposa en el seno de los necios.
Eclesiastés 7:9

Todo hombre sea tardo para airarse; porque la ira del hombre no obra la justicia de Dios.
Santiago 1:19-20

La afirmación de que la ira del hombre no obra la justicia que Dios desea o requiere significa que la ira no es la manera correcta en que debe comportarse el hombre; no traerá lo correcto a su vida.

Parte de la justicia que Dios desea y anhela para nosotros es el desarrollo del potencial personal. Las personas airadas están demasiado ocupadas con la ira como para tener éxito en ser lo mejor que pueden ser.

Si verdaderamente tenemos la intención de correr la carrera para ganar, debemos resistir las emociones negativas. Hay muchísimas emociones negativas además de la ira, y por cierto deberíamos saber qué son y estar listos para tomar autoridad y control sobre ellas tan pronto como asomen sus horribles cabezas. La siguiente es una lista parcial de emociones negativas de las cuales debemos cuidarnos:

ira

amargura

depresión

desesperación

desaliento

envidia

codicia

odio

impaciencia

celos

pereza

lujuria

ofensa

orgullo

resentimiento

tristeza

autoconmiseración

falta de perdón

"Corramos con paciencia"

Corramos con paciencia la carrera que tenemos por delante.
Hebreos 12:1

La versión *Reina Valera 1960* de Hebreos 12:1 no solo nos anima a correr la carrera, sino también a correrla con paciencia. No podemos llegar a la plenitud sin paciencia. Para ilustrarlo, aquí tenemos una historia basada en artículos que aparecieron en el diario *Houston Chronicle* en 1997:

La gelatina Jell-O cumple cien años este año y la historia que rodea su invención es verdaderamente irónica. En 1897, Pearl Wait tenía varias ocupaciones. Él era un trabajador de la construcción que incursionaba en patentes de medicinas y vendía puerta a puerta sus remedios para achaques. En medio de sus arreglos se le ocurrió la idea de mezclar saborizantes de frutas con gelatina granulada. Su esposa lo llamó 'Jell-O' y Wait tuvo un producto más para vender puerta a puerta.

Lamentablemente, las ventas no fueron tan buenas como él esperaba, por lo que en 1899, Pearl Wait vendió sus derechos de Jell-O a Orator Woodward por 450 dólares. Woodward conocía el valor del mercadeo de modo que en unos breves ocho años, el vecino de Wait transformó una inversión de 450 dólares en un negocio de un millón de dólares. Hoy en día, ni un solo pariente de Pearl Wait recibe regalías del 1.1 millón de cajas de Jell-O que se venden cada día. ¿Por qué? ¡Porque Wait no pudo esperar![3]

Esta actitud impaciente es una de las principales razones por las que muchas personas nunca alcanzan su máximo potencial. Usted puede recordar que anteriormente dije que el tiempo es una de las cosas que pueden interferir entre el potencial y la manifestación deseada. Pearl Wait deseaba la manifestación de volverse rico con su invención de la gelatina, pero su impaciencia le impidió disfrutar todo el potencial de ella.

LA PACIENCIA COMPLETA SU OBRA ────────────────────

> *Hermanos míos, considérense muy dichosos cuando estén pasando por diversas pruebas. Bien saben que, cuando su fe es puesta a prueba, produce paciencia. Pero procuren que la paciencia complete su obra, para que sean perfectos y cabales, sin que les falta nada.*
> *Santiago 1:2-4,* RVC

Este pasaje nos dice que cuando la paciencia haya tenido su obra completa, seremos perfectos (completamente desarrollados) y cabales, sin que nada nos falte. También habla de toda clase de pruebas, y se nos instruye ser pacientes precisamente durante esas pruebas.

Como señalé en mi libro *El campo de batalla de la mente*, "la paciencia no es la capacidad de esperar, sino la capacidad de mantener una buena actitud mientras se espera".[4]

La paciencia es un fruto del Espíritu que se manifiesta en una actitud tranquila y positiva. La impaciencia está llena de emociones negativas y es una de las herramientas que Satanás usa para impedirnos alcanzar plenitud y completud.

Hebreos 10:36 nos permite saber que necesitamos paciencia para...*seguir haciendo la voluntad de Dios. Entonces recibirán todo lo que él ha prometido* (NTV).

Le pregunté al Señor: "¿Cuándo, Dios, cuándo?" miles de veces antes de llegar a darme cuenta de que, de acuerdo al Salmo 31:15, mis tiempos están en sus manos. Dios sabe el tiempo exacto que es correcto para todo, y nada de nuestra impaciencia lo va a apresurar.

Espere el perfecto tiempo de Dios

No nos cansemos, pues, de hacer bien; porque a su tiempo segaremos, si no desmayamos.
Gálatas 6:9

"A su tiempo" es el tiempo de Dios, no el nuestro. Nosotros estamos apurados; Dios no. Él se toma el tiempo para hacer las cosas bien: les pone un sólido fundamento. Trata de construir un edificio. Nosotros somos el edificio de Dios en construcción. Él es el Maestro constructor, y sabe lo que hace. Puede que nosotros no sepamos lo que está haciendo, pero Él sí sabe, y eso tendrá que ser suficiente. Puede que nosotros no siempre sepamos, pero podemos estar satisfechos de conocer a Aquel que sabe.

El tiempo de Dios parece ser su propio secretito. La Biblia nos promete que Él nunca llegará tarde, pero también he descubierto que generalmente no llega temprano. Parece que Él toma cada oportunidad disponible para desarrollar en nosotros el fruto de la paciencia.

El Diccionario Vine de palabras griegas comienza la definición de paciencia (en Santiago 1:3), así: "La paciencia, que crece solo en la prueba".[5] La paciencia es un fruto del Espíritu que crece en la prueba.

Mi propio y particular temperamento natural está lleno de impaciencia. Me he vuelto mucho más paciente con los años, pero toda la espera necesaria para enseñarme paciencia fue difícil para mí. ¡Yo lo quería todo *ya*!

Finalmente me di cuenta de que podemos caer sobre la Roca (Jesús) y ser quebrantados, ¡o la Roca caerá sobre nosotros y nos desmenuzará! (Mateo 21:44.) En otras palabras, podemos cooperar con el Espíritu Santo y no resistir la obra de Dios que Él está haciendo en nosotros, o podemos rehusarnos a cooperar de buena gana, y a su debido tiempo Dios tendrá que tratar con nosotros con más aspereza que lo que querría hacerlo. En última instancia las cosas todavía obrarán para nuestro bien, pero siempre es mejor entregar algo y no que nos sea quitado.

Yo necesitaba rendir mi voluntad a la voluntad de Dios. Necesitaba ponerme yo misma en sus manos y confiar en su tiempo. Suena fácil, pero no lo era, al menos no para mí.

Estoy agradecida de que nuestros temperamentos naturales puedan llegar a ser "temperamentos controlados por el Espíritu". El fruto del Espíritu está en nosotros y está siendo desarrollado junto con todo lo demás. A medida que se desarrolla nuestro potencial, también nuestro carácter, además de una actitud semejante a la de Cristo. Todo se mueve juntamente. Hay varias cosas que deben arribar al mismo tiempo a la línea de llegada para que ganemos la carrera.

El potencial desarrollado sin el carácter no glorifica a Dios.

Si nos convirtiéramos en un enorme éxito y siguiéramos siendo personas ásperas, eso no le agradaría al Señor. Por lo tanto, si nos adelantamos nosotros mismos en un área, Él, suave pero firmemente bloquea nuestro progreso en esa área hasta que las otras se pongan al día.

Cuando el crecimiento de mi ministerio comenzó a adelantarse a mi crecimiento espiritual, Dios amablemente bloqueó el progreso del crecimiento ministerial. Por supuesto, yo no entendía y estaba bastante indignada. Pasé mi tiempo reprendiendo demonios y tratando de hacer lo que yo pensaba que era guerra espiritual. Estaba segura de que Satanás se estaba oponiendo. Descubrí que era Dios quien lo hacía. Yo me le había adelantado, y Él me estaba poniendo los frenos me gustara o no.

No apreciamos nada de todo esto mientras está ocurriendo, pero después nos damos cuenta de qué lío terrible habríamos hecho si las cosas se hubieran realizado según nuestro calendario en vez de en el de Dios.

La paciencia es vital para el desarrollo de nuestro pleno potencial. En realidad, nuestro potencial solo se desarrolla mientras se desarrolla nuestra paciencia. Esa es la manera de Dios; no hay otra; así que ¿por qué no calmarse y disfrutar el viaje?

Si nosotros no desarrollamos nuestro potencial, este no se desarrollará porque no hay nadie más interesado en hacerlo por nosotros. Ocasionalmente encontramos esos raros individuos que se complacen en ayudar a otros a ser todo lo que pueden ser, ¡pero son raros! Mi esposo Dave ha hecho eso por mí, y le estoy muy agradecida por ayudarme a ser todo lo que puedo ser. Estoy teniendo éxito en ser yo misma, y quiero lo mismo para usted.

Averigüe lo que quiere hacer y comience a capacitarse para eso. Sea implacable en su búsqueda de alcanzar su pleno potencial.

Si usted sabe que puede escribir canciones estupendas, desarrolle su don; organice su vida para poder escribir canciones. Si sabe que puede dirigir alabanza, practique, aprenda música, cante con toda su mente y corazón y crea. Comience a dirigir la adoración, aunque comiencen solo usted y el gato, o usted y sus hijos. Si sabe que tiene talento para los negocios, capacidad de hacer dinero, estudie, ore, vaya a la universidad, salga.

Cualquiera sea su don y vocación, encomiéndelo al Señor y comience a *desarrollar su potencial*.

De alguna manera deberíamos perfeccionarnos cada día. Deberíamos seguir adelante, dejar ir lo que yace atrás. Eso incluye los errores y victorias pasados. Aun detenernos en la gloria de las victorias pasadas puede impedirnos ser todo lo que Dios quiere que seamos en el futuro.

Tome ahora mismo la decisión de que usted *nunca estará satisfecho con ser menos que todo lo que puede ser*.

7

CONOCER LA DIFERENCIA ENTRE "QUIÉN" ES Y LO QUE "HACE"

7
CONOCER LA DIFERENCIA ENTRE "QUIÉN" ES Y LO QUE "HACE"

> Porque sostenemos que todos somos justificados por la fe, y no por las obras que la ley exige.
>
> ROMANOS 3:28, NVI

Si realmente deseamos tener *éxito en ser nosotros mismos*, es absolutamente necesario que tengamos un conocimiento profundo de lo que nos justifica y nos hace justos con Dios. Como hemos visto en Efesios 2:8-9, somos justificados solo por la fe en Cristo y no por nuestras obras.

Si tenemos *verdadera fe*, haremos buenas obras, pero no dependeremos de las obras. Nuestras obras serán hechas como un acto de amor a Dios —en obediencia a Él— y no como una "obra de la carne", por la cual esperamos obtener derecho y aceptación de Él.

Muchas personas de nuestra sociedad pasan gran parte de sus vidas, y quizás incluso la vida entera, sintiéndose mal consigo mismas. El mundo, al parecer, nos da continuamente el mensaje de que nuestra dignidad y valor están conectados con nuestro "hacer". Nos decimos unos a otros cosas tales como: "¿Cómo andan tus *cosas?*" y "¿Qué estás *haciendo?*" "¿Qué *haces* para ganarte la vida?" Satanás quiere que estemos más interesados en lo que hacemos que en lo que somos como individuos. Este tipo de mentalidad está profundamente arraigado en nuestros patrones de pensamientos y no es fácil sacarlo.

Mientras crecíamos, nuestros familiares comparaban nuestro desempeño con el de otros, y se nos cuestionaba por qué no lo hacíamos tan bien como nuestro primo, el niño de al lado o uno de nuestros hermanos. Sentíamos que estábamos haciendo lo mejor que podíamos y no teníamos respuesta a esas preguntas exigentes, pero decidíamos que íbamos a *esforzarnos más*. Y lo hacíamos. Lo intentábamos e intentábamos e intentábamos, y todo parecía en vano. Por mucho que lo intentáramos, parecía que alguien seguía estando insatisfecho. Seguíamos recibiendo el mensaje de que algo estaba mal con nosotros. Pensamos que si podíamos hacer algo grande, entonces seríamos aceptados por Dios y por los otros.

Esta teoría solo deja a la gente agobiada, agotada, confundida y en algunos casos mentalmente enferma. Creo firmemente que no saber quiénes son es lo que está llevando a millones de personas a terapeutas, consejeros, psiquiatras y psicólogos. Quieren poder hablar con alguien que los comprenda, alguien que no los haga sentir culpables. Ellos no han recibido afirmación de sus padres o de sus pares, y como resultado, se sienten profundamente llenos de defectos. Piensan que tienen alguna especie de problema mental, social o psicológico, cuando realmente todo lo que necesitan es amor y aceptación incondicionales.

Usted y yo podemos tener mala conducta, pero eso no cambiará hasta que seamos aceptados y amados independientemente de lo que hagamos.

Jesús le ofrece al mundo lo que está buscando, pero Satanás ha mantenido el secreto bien escondido. La Iglesia en muchas instancias ha enfatizado las reglas en vez de la relación personal con el Padre por medio de Jesucristo el Hijo.

Alguien que comprenda

Nuestro Sumo Sacerdote comprende nuestras debilidades, porque enfrentó todas y cada una de las pruebas que enfrentamos nosotros, sin embargo, él nunca pecó. Así que acerquémonos con toda confianza al trono de la gracia de nuestro

Dios. Allí recibiremos su misericordia y encontraremos la gracia que nos ayudará cuando más la necesitemos.

Hebreos 4:15-16, NTV

En estos dos versículos hay varias palabras clave que no deberían olvidarse: comprende, gracia, recibiremos, y misericordia. Son todas "palabras dadoras", es decir, palabras que representan que Dios nos está dando lo que no merecemos, simplemente porque Él es muy bueno. De estas palabras, una de las más importantes es *comprende*.

De este pasaje vemos que Jesús nos comprende.

¡No puedo decirle lo reconfortante que fue para mí aprender que Jesús *me comprende*!

Jesús nos comprende cuando nadie más lo hace. Él nos comprende incluso cuando no nos comprendemos a nosotros mismos. Él sabe "el por qué detrás del qué". Permítame explicar lo que quiero decir con esa afirmación.

La gente solo ve lo que hacemos, y quieren saber por qué no lo hacemos mejor, o por qué no lo estamos haciendo. Jesús sabe por qué nos comportamos de la manera en que lo hacemos. Él ve y recuerda todas las heridas y magulladuras emocionales de nuestro pasado. Él sabe aquello para lo cual fuimos creados. Él conoce el temperamento que nos fue dado en el vientre de nuestra madre. Él conoce y comprende nuestras debilidades (que todos nosotros tenemos). Él sabe de cada temor, de cada inseguridad, de cada duda, de todo nuestro pensamiento equivocado acerca de nosotros mismos.

Una vez que entramos en una relación personal con Él al nacer de nuevo (al aceptarlo como Salvador y Señor), Él comienza a hacer en nuestra vida un proceso de restauración que no estará totalmente acabado hasta que dejemos la tierra. Uno a uno Él nos devuelve todo lo que Satanás nos ha robado.

Debemos resistir decididamente las actitudes legalistas que prevalecen en nuestra sociedad. El legalismo implica "hacer"; no se trata de "ser".

Debemos entender la diferencia entre "quien" somos y lo que "hacemos".

Jesús nos comprende, nos ama incondicionalmente y está comprometido a trabajar con nosotros por medio del Espíritu Santo y no nos condena mientras lo hace.

El mundo nos exige que cambiemos. Nos da persistentemente el mensaje de que algo está mal en nosotros si no podemos hacer lo que se espera que hagamos. Por nosotros mismos, nunca seremos capaces de hacer todo lo que se espera de nosotros. Nuestra única esperanza es en quién estamos: Cristo.

"EN CRISTO"

> *Porque en él vivimos, y nos movemos, y somos...*
> *Hechos 17:28*

Las frases "en Cristo", "en Él" o "en quien", que se encuentran a lo largo de muchos libros del Nuevo Testamento, son de vital importancia. Si no se las comprende, nunca tendremos la visión apropiada respecto de "quien" somos y nos frustraremos al pasar nuestras vidas tratando de mejorar lo que "hacemos".

Cuando recibimos a Jesucristo como Salvador, se considera que nosotros estamos "en Él". Lo que Él ganó y merece nosotros lo obtenemos por herencia. Observar nuestra relación con nuestros hijos naturales puede ayudar a impartir comprensión sobre este tema.

Yo tengo cuatro hijos quienes originalmente estaban "en mí". Ahora, mucho de sus apariencias y personalidades se derivan del hecho de que comenzaron su vida "en mí". Recibieron de mi estructura física, mi naturaleza, mi temperamento, etc. Ahora que han crecido, son libres para andar por la vida "haciendo" cosas que me hacen enorgullecer de ellos, pero nunca se debe olvidar que ellos comenzaron "en mí". Esa relación durará por siempre.

En Juan 3:3, se hace referencia a la relación con Jesús como "nacer de nuevo". Nicodemo le preguntó a Jesús: "¿Puede acaso [un hombre] entrar por segunda vez en el vientre de su madre, y nacer?" (v. 4.) Él no entendía que Jesús hablaba de un nacimiento espiritual, un nacimiento por el cual somos sacados de una manera mundana de vivir y colocados "en Cristo" y en una nueva manera de pensar, de hablar y de actuar.

Debemos saber quiénes somos en Cristo. Es nuestro principio, el lugar desde el cual comenzamos la nueva vida. Sin una profunda comprensión de esta verdad, divagaremos en la vida e incluso en el cristianismo creyendo la mentira de que la aceptación por Dios se basa en nuestro desempeño.

La verdad es que nuestra aceptación por Dios se basa en el desempeño de Jesús, no en el nuestro. Cuando Él murió en la cruz, nosotros morimos con Él. Cuando Él fue sepultado, fuimos sepultados con Él. Cuando Él resucitó, resucitamos con Él. Esa es la manera en que Dios elige vernos a todos los que sinceramente creemos en Jesús como nuestro sacrificio vicario y el pago por todos nuestros pecados.

"En Él y por medio de Él"

Al que no conoció pecado, por nosotros lo hizo pecado, para que nosotros fuésemos hechos justicia de Dios en él.
2 Corintios 5:21

Dios elige vernos como "justos" porque quiere vernos de esa manera. Efesios 1:4-5 nos enseña que Dios eligió amarnos y vernos sin mancha porque Él quería hacerlo, porque le agradó:

*Nos escogió **en él** [Cristo] antes de la fundación del mundo, para que fuésemos santos y sin mancha delante de él, en amor habiéndonos predestinado para ser adoptados hijos suyos **por medio** de Jesucristo, según el puro afecto de su voluntad.*

Cuando enseño sobre este tema, siempre pienso en la relación entre mi esposo y mi hijo. Mi hijo mayor, David, es hijo de un matrimonio anterior. Me casé a los dieciocho años. En mi infancia habían abusado sexualmente de mí, y aquel de diecinueve años con quien me casé no había sido corregido adecuadamente. Era la clase de individuo embaucador, que saca ventaja de todos. Yo era insegura y estaba desesperada por verdadero amor. Él me dijo que me amaba, y como yo temía que nadie me quisiera jamás, me aferré a la oportunidad de casarme aunque sabía muy adentro de mí que el matrimonio no funcionaría. Mi joven esposo era infiel, y la mayor parte del tiempo no trabajaba. Después de cinco años de rechazo y otros dolores emocionales, me divorcié de él. De ese matrimonio tuvimos un hijo, un varón a quien le puse el nombre de mi único hermano, David. Cuando el niño tenía nueve meses, conocí a Dave Meyer, quien es mi esposo desde hace más de treinta años.

David fue adoptado por Dave. Dave eligió amar y aceptar a David antes de que David lo aceptara a él, antes de que siquiera se relacionara con él, o incluso lo conociera. Dave y yo tuvimos un noviazgo rápido. Después de unas cinco citas, me pidió que me casara con él. Él era un cristiano nacido de nuevo, lleno del Espíritu Santo, que oraba por una esposa. ¡Le pedía a Dios que le diera a alguien que necesitara ayuda! Ciertamente recibió respuesta a sus oraciones cuando me encontró. Él estaba siendo guiado por el Espíritu de Dios en nuestra relación. Dice que supo la primera noche que me vio que yo iba a ser su esposa. Le gustan los desafíos y pudo decir inmediatamente que yo sería uno.

La noche en que Dave me pidió que me casara con él, le pregunté por mi hijo. Yo no sabía cómo se sentía él respecto a David. La respuesta de Dave fue preciosa e ilustra cómo Dios siente respecto de nosotros. Me dijo: "Aunque no conozco muy bien a David, lo amo porque te amo a ti y a todo lo que es parte de ti".

Esa de esta misma manera que entramos en una relación de amor con Dios en la que Él nos acepta debido a su propia bondad y no a la nuestra. Él ha aceptado a Cristo y su obra vicaria en la cruz, y nos acepta a nosotros porque, como creyentes, nosotros estamos "en Cristo".

La siguiente es una lista parcial de las cosas que ahora son nuestras en virtud de estar "en Cristo":

*Bendito sea el Dios y Padre de nuestro Señor Jesucristo, que nos bendijo con toda bendición espiritual en los lugares celestiales **en Cristo**.*
Efesios 1:3

*. . . para alabanza de la gloria de su gracia, con la cual nos hizo aceptos **en el Amado**.*
Efesios 1:6

*. . . **en quien** tenemos redención por su sangre, el perdón de pecados según las riquezas de su gracia.*
Efesios 1:7

***En él** asimismo tuvimos herencia. . .*
Efesios 1:11

***En él** también vosotros, habiendo oído la palabra de verdad, el evangelio de vuestra salvación, y habiendo creído en él, fuisteis sellados con el Espíritu Santo de la promesa.*
Efesios 1:13

*. . . aun estando nosotros muertos en pecados, nos dio vida **juntamente con Cristo** (por gracia sois salvos). . .*
Efesios 2:5

*Porque **por medio de él** los unos y los otros tenemos entrada por un mismo Espíritu al Padre.*
Efesios 2:18

*. . . **en quien** vosotros también sois juntamente edificados*
Efesios 2:22

...Arraigados y sobreedificados en él, y confirmados en la
fe, así como habéis sido enseñados, abundando en acciones
de gracias.
Colosenses 2:7

Y vosotros estáis completos en él, que es la cabeza de todo
principado y potestad.
Colosenses 2:10

Esta es una porción muy pequeña de las muchas escrituras que se refieren a esto, pero confío en que usted pueda ver en estos ejemplos lo importante que es tener una cabal comprensión de la diferencia entre estar "en Cristo" y hacer obras para ganar favor.

En realidad es imposible "ganar favor"; de lo contrario, no sería favor. Un favor es algo que alguien hace por nosotros por bondad, no porque nos lo merezcamos.

RESTAURAR NUESTRA DIGNIDAD Y VALOR

Guardaos de los perros, guardaos de los malos obreros, guar-
daos de los mutiladores del cuerpo. Porque nosotros somos la
circuncisión, los que en espíritu servimos a Dios y nos glo-
riamos en Cristo Jesús, no teniendo confianza en la carne.
Filipenses 3:2-3

Este pasaje destruye cualquier razón para creer que nuestra confianza puede estar en cualquier cosa que podamos hacer o haber hecho. Nos dice claramente que nuestra confianza no puede estar "en la carne", sino que, en cambio, debe estar "en Cristo Jesús". También nos advierte que tengamos cuidado con los legalistas.

Es liberador finalmente ver que nuestra dignidad y valor no se basan en lo que hacemos, sino en quienes somos en Cristo. Dios nos asignó valor al permitir que Jesús muriera por nosotros. Por el acto mismo de la muerte de Cristo en la cruz, y el sufrimiento que soportó, Dios el Padre le está diciendo a cada uno de nosotros: "Tú eres muy valioso para mí, y yo pagaré cualquier precio para redimirte y ver que tengas la vida buena que originalmente pensé para ti".

Una vez que usted y yo tenemos en orden "quien" somos, entonces y solo entonces podemos comenzar a orar efectivamente acerca de lo que "hacemos".

Usted podría decir: "Pero, Joyce, ¡no puedo creer que a Dios no le importe lo que hacemos!".

Tiene razón, a Dios sí le importan nuestras acciones. Él quiere que sean las correctas. Realmente quiere que crezcamos y nos convirtamos en cristianos maduros que actúan como lo hizo Jesús cuando estuvo en la tierra. Dios quiere que hagamos buenas obras, pero no quiere que dependamos de ellas para ganar nada. Quiere que hagamos buenas obras porque lo amamos a Él. Quiere que nuestras buenas obras sean una respuesta a lo que Él ha hecho por, para y en nosotros.

Una vez que supe que yo estaba en Cristo, empecé a hacer buenas obras por las *razones correctas*.

Muchas personas hacen buenas obras por razones equivocadas, y no obtienen ninguna recompensa por ellas.

Nuestros motivos son de suma importancia para Dios. Recuerdo incluso leer mi Biblia diariamente, pensando en mi corazón que a Dios le agradaría o se impresionaría si yo leía grandes porciones de ella cada día. Como la leía por la razón equivocada, mi lectura era una esclavitud para mí en vez de un gozo. Leer la Biblia a diario y asegurarme de leer cierta cantidad se convirtió en una ley para mí. Si no lo hacía, me sentía culpable.

Un día el Señor me reveló que yo estaba leyendo por motivos equivocados. Colocó este pensamiento en mi corazón: "Dios sabe la Biblia. Yo no la estoy leyendo para Él; lo hago para mí, para poder saber lo que Él quiere que haga y hacerlo".

El Señor me mostró que leer un versículo de la Escritura,

y entenderlo verdaderamente, es mejor que leer diez capítulos y no recordar nada de lo que leímos. En nuestra sociedad actual estamos demasiado impresionados con la cantidad ¡y no nos preocupamos suficientemente por la calidad!

Yo estaba tan absorta en lo que suponía que debía "hacer", que me olvidaba de simplemente "ser". Somos llamados *seres humanos* porque se supone que seamos; de lo contrario se nos llamaría *haceres humanos*.

Por lo general Satanás nos grita al oído: "¿Qué vas a *hacer?*", "¡Tienes que *hacer* algo!", "¡Sería mejor que *hicieras* algo!". En realidad, tiene razón, hay algo que debemos hacer: *¡Creer!* Siempre deberíamos estar creyendo.

"QUIEN" ES ARREGLARÁ LO QUE "HACE"

> *Esto solo quiero saber de vosotros: ¿Recibisteis el Espíritu por las obras de la ley, o por el oír con fe? ¿Tan necios sois? ¿Habiendo comenzado por el Espíritu, ahora vais a acabar por la carne? ¿Tantas cosas habéis padecido en vano? si es que realmente fue en vano.*
>
> Gálatas 3:2-4

Yo estaba haciendo muchas cosas mal, y tenía muchas actitudes equivocadas. Necesitaba desesperadamente cambiar, y quería hacerlo. *¡Estaba intentando!* Pero nada funcionaba. Sentía condenación todo el tiempo. Me sentía un fracaso como cristiana. Estaba segura de que cualquier otro era mucho mejor que yo, ¿cómo podría Dios usarme alguna vez?

¡Me estaba concentrando en lo equivocado!

Yo seguía mirando lo que estaba mal en mí cuando debería estar desarrollando una relación con el Señor. Supongo que pensaba que en realidad Él no querría tener nada que ver conmigo hasta que todo estuviera "arreglado". Yo sabía que Él me había salvado, pero la comunión era por completo otra cosa. Cuando encontraba tiempo para estar con Dios, pasaba la mayor parte diciéndole lo terrible que yo era lo mucho que lamentaba ser tan terrible. Luego prometía mejorar, pero nunca podía encontrar la manera.

¡Por fin lo entendí! En Romanos 8:1 recibí una revelación respecto de la justicia que viene por medio de Cristo Jesús: *Ahora, pues, ninguna condenación hay para los que están en Cristo Jesús* [Eso me sonaba muy bien, pero luego vi el resto] *los que no andan conforme a la carne, sino conforme al Espíritu.* Ahora estaba de vuelta en el punto de partida. Ciertamente, si pudiera andar todo el tiempo conforme al Espíritu, no habría ninguna condenación, pero yo no era capaz de hacerlo; así que ¿dónde me dejaba eso?

Entonces Dios me reveló esto para mi vida: Sí, si ando conforme al Espíritu en vez de la carne, no habrá condenación. Pero cuando peco (lo cual todos hacemos), hay una "manera carnal" de arreglarlo y una "manera espiritual". Yo lo estaba manejando de la manera carnal. Me volvía carnal y pecaba (quizás perdía los estribos, o decía cosas que no debería haber dicho), pero luego me quedaba en la carne tratando de ser perdonada. Yo *hacía* cosas para compensar lo que había hecho mal en vez de aceptar el perdón gratuitamente, como un regalo. Una vez que recibí ese regalo, estuve libre para hacer cosas buenas porque me sentía embargada por el amor de Dios y su misericordia para mí, porque mi corazón estaba tan lleno de amor por Él que desbordaba en buenas obras.

Mi problema era que yo quería cambiar, pero tenía mezclados "quien" era y lo que "hacía". Yo trataba de "hacer" para que "quien" era fuese correcto. Pero en realidad necesitaba saber "quien" era yo en Cristo, y después Él me ayudaría a "hacer" las cosas correctas por los motivos correctos.

Este no es un problema de hoy. Pablo se refería al tema con frecuencia. En su carta a los Gálatas, les preguntó por qué estaban tratando de alcanzar la perfección dependiendo de la carne. Los instó a recordar que la totalidad de su nueva vida espiritual había nacido de la fe y confiando en el Espíritu

Santo; por lo tanto, ¿por qué necesitaban tratar de alcanzar la perfección de otra manera que aquella con la cual comenzaron?

Concluyó diciéndoles que si no dejaban esta clase de conducta legalista, todo lo que habían sufrido hasta entonces no tendría sentido y sería en vano.

No sé usted, pero yo he ido demasiado lejos y he pasado demasiado para arruinarlo todo ahora. Quiero saber la manera correcta de acercarme a Dios, y hasta donde puedo ver en su Palabra, es por fe en lo que Jesús ha hecho, no por fe en lo que yo puedo hacer.

No podemos tener éxito en aceptarnos a nosotros mismos sin saber estas cosas. No podemos tener éxito sin salir *por fe, no por obras*. Si creemos que nuestra aceptación se basa en nuestro hacer, siempre nos sentiremos rechazados cuando fallemos en hacer lo correcto. Pero si dependemos de quienes somos en Cristo, y no en lo que hacemos para Él, "quien" somos arreglará lo que "hacemos".

DE GLORIA EN GLORIA

> *Por tanto, nosotros todos, mirando a cara descubierta como en un espejo la gloria del Señor, somos transformados* de gloria en gloria *en la misma imagen, como por el Espíritu del Señor.*
> 2 Corintios 3:18

Volvamos a la pregunta inicial planteada en la introducción de este libro:

¿Cómo se ve usted a sí mismo?

¿Puede usted evaluarse sinceramente y evaluar su comportamiento y no caer bajo condenación? ¿Puede mirar lo mucho que todavía le falta por andar, pero también ver lo lejos que ya ha llegado? Donde usted está no es a donde llegará. Tenga una visión de la línea de llegada o nunca saldrá del punto de partida.

En la *Nueva Versión Internacional* de la Biblia, en 2 Corintios

3:18, Pablo afirma que Dios nos cambia *con más y más gloria*.
En otras palabras, los cambios en nosotros personalmente, así
como los de nuestras circunstancias, ocurren gradualmente.

¡Usted ya está en una gloria!
Si usted ha nacido de nuevo, ya está en algún lugar del camino de los justos. Puede que no esté tan adelantado como le
gustaría, pero gracias a Dios está en el camino. Hubo un tiempo
en que usted estaba totalmente fuera de la relación de pacto con
Dios por ser un incrédulo (Efesios 2:11-12). Pero ahora perte-
nece a la familia de Dios y está siendo transformado por Él día
a día. Disfrute de la gloria en la que está en este momento y no
tenga celos de donde pueden estar otros. Ellos mismos tuvieron
que pasar en algún momento por donde usted se encuentra.

Tenemos una fuerte (carnal) tendencia a comparar nuestra
gloria con la de todos los demás. El diablo trata de inducirnos
a que pensemos de esa manera, pero es no la manera de Dios.
Dios quiere que nos demos cuenta de que cada uno de nosotros
es un individuo único, y que Él tiene un plan único para cada
uno de nosotros. Satanás quiere asegurarse de que nunca disfrutemos de donde estemos en ese momento. Quiere que compi-
tamos unos con otros, queriendo siempre tener lo que otro tiene.
Cuando no sabemos cómo disfrutar la gloria en que estamos en
ese momento, lo único que hacemos es lentificar el proceso de
maduración. No creo que pasemos al siguiente grado de gloria
hasta que hayamos aprendido a disfrutar aquel en el cual estamos en el momento.

En este sentido, una "gloria" es simplemente un lugar que es
mejor que el anterior.

Yo tenía tantos defectos en mi personalidad y en mi carácter,
que después de cinco años de tratar de caminar con el Señor seguía sintiendo que prácticamente no había progresado nada. Sin
embargo, todo el tiempo me estaba volviendo gradualmente un
poquito más gloriosa.

Por lo general somos demasiado duros con nosotros mismos.

Creceríamos más rápido si nos relajáramos más. No podemos vivir por nuestros sentimientos en estas cuestiones. Satanás se asegura de que frecuentemente "sintamos" que somos un desastre irredimible o que Dios no está obrando en nuestra vida. Debemos aprender a vivir por la Palabra de Dios y no por el modo en que nos sentimos. Su Palabra afirma que mientras creemos, ¡Él está obrando en nosotros!

SOMOS UNA "OBRA EN CONSTRUCCIÓN"

...La palabra de Dios...Y esta palabra sigue actuando en ustedes los que creen.

1 *Tesalonicenses 2:13,* NTV

Le animo a decir todos los días: *Dios está obrando en mí en este mismo momento. ¡Él me está cambiando!* Declare con su boca lo que dice la Palabra, no lo que usted siente.

Parece que hablamos incesantemente de cómo nos sentimos. Cuando lo hacemos, es difícil que la Palabra de Dios obre en nosotros de manera efectiva. Magnificamos nuestros sentimientos acerca de todo lo demás y les permitimos tomar un rol directivo en nuestras vidas.

A menudo nos "sentimos" rechazados, así que creemos que la gente nos está rechazando. Quizás la verdad sea que ellos ni siquiera nos vean; por lo tanto, no nos están aceptando ni rechazando. Si creemos que la gente nos está rechazando, es probable que nos rechace. Nuestra actitud de "pobre de mí, nadie me ama, siempre me rechazan" es lo que hace que la gente quiera mantenerse lejos de nosotros.

No debemos desarrollar la actitud de que, si no nos desempeñamos a la perfección, seremos rechazados. Admito que el mundo suele operar con este principio, pero Dios no, y tampoco deberíamos hacerlo nosotros. Ninguno de nosotros que se haya mirado con sinceridad se atrevería a negarse a aceptar a otros, a menos que fuera perfecto. Jesús enseñó que solamente podremos exigir perfección de otros como prerrequisito para relacionarse con nosotros cuando nuestra perfección sea completa.

Nos acostumbramos tanto a que la gente del mundo esté demasiado interesada en nuestro desempeño y en lo que hacemos que traemos conceptos equivocados a nuestra relación con Dios por medio de Jesucristo. Pensamos que Dios es como el mundo, y no lo es. El temor a ser rechazado (o a no ser aceptado) es uno de los mayores obstáculos para tener éxito en ser nosotros mismos.

Cuando salimos para ser todo lo que podemos ser en Cristo, cometeremos algunos errores; todos lo hacen. Pero se nos quita la presión cuando nos damos cuenta de que Dios está esperando que hagamos lo mejor que podamos. No está esperando que seamos perfectos (totalmente sin fallas). Si fuéramos tan perfectos como intentamos ser, no necesitaríamos un Salvador. Yo creo que Dios siempre dejará un cierto número de defectos en nosotros, para que sepamos cuánto necesitamos a Jesús todos y cada uno de nuestros días.

Yo no soy una predicadora perfecta. Hay veces en que digo las cosas mal, veces en que creo que he oído de Dios y descubro que estaba escuchándome a mí misma. Hay muchas ocasiones en que estoy lejos de la perfección (¡como varios cientos de veces todos los días!). No tengo una fe perfecta, una actitud perfecta, pensamientos perfectos ni maneras perfectas.

Jesús sabía que eso nos sucedería a todos. Es por eso que Él "se puso en la brecha" por nosotros (vea Ezequiel 22:30). Una brecha es un espacio entre dos cosas. Hay una brecha, un espacio, entre nosotros y Dios, puesto allí por nuestras imperfecciones y pecados. Dios es perfecto y completamente santo. Solo puede tener comunión con los que son como Él. Esa es la razón por la cual venimos a Él por medio de Cristo. Jesús es como su Padre. Él nos dijo: "Si ustedes me han visto, han visto al Padre". (Juan 14:9, paráfrasis de la autora.)

Jesús se puso en la brecha entre la perfección de Dios y nuestra imperfección. Él intercede *continuamente* por nosotros porque *continuamente* lo necesitamos (vea Hebreos 7:25.) Jesús vino a nosotros como el Hijo de Dios y como el Hijo del Hombre. Él es el Mediador entre dos partes: nosotros y Dios (vea 1 Timoteo 2:5). Por medio de Él, entramos en un acuerdo y tenemos comunión con el Padre. En Él somos aceptables para Dios.

ACEPTOS EN EL AMADO

> *...Nos hizo aceptos en el Amado.*
> *Efesios 1:6*

No debemos creer que Dios solo nos acepta si nos desempeñamos perfectamente. Podemos creer la verdad de que Él nos acepta "en el Amado".

Dios nos acepta porque somos creyentes en su Hijo Jesucristo. Si creemos las mentiras de Satanás, pasamos nuestras vidas luchando y frustrándonos. Nuestras capacidades quedan paralizadas, y nunca tenemos éxito en ser nosotros mismos.

Dios habló a mi corazón una vez y dijo: "Haz tu mejor esfuerzo, luego entra en mi reposo". Eso me sonaba muy bien, porque yo lo había intentado todo y estaba completamente desgastada. He descubierto que mi mejor esfuerzo cada día sigue incluyendo algunas imperfecciones, pero es por eso que Jesús murió por usted y por mí.

LA CINTA CAMINADORA DE DESEMPEÑO/ACEPTACIÓN

> *Pero la gente no es considerada justa por sus acciones sino por su fe en Dios, quien perdona a los pecadores. David también habló de lo mismo cuando describió la felicidad de los que son declarados justos sin hacer esfuerzos para lograrlo*
> *Romanos 4:5-6,* NTV

Si pasamos años en la cinta caminadora de desempeño/aceptación es difícil salir de ella. Se convierte en una manera de vivir. Afecta nuestros pensamientos, percepciones y decisiones.

Muchas personas prefieren quedarse en la cinta caminadora de desempeño/aceptación en vez de salir de ella y tener que afrontar la posibilidad del fracaso. Otros se sienten tan mal consigo mismos por sus fracasos pasados que ni siquiera intentarán iniciar una nueva manera de vivir.

Cuando las personas son adictas a sentirse bien consigo mismas solo cuando se desempeñan bien, son candidatas a una vida de miseria. Es un ciclo de intentar y fallar, esforzarse y volver a fallar, sentirse culpable y rechazado, volver a intentar y volver a fallar, etc., etc.

Dios no nos quiere en la "cinta caminadora del desempeño y la aceptación". Desea que nos sintamos bien con nosotros mismos, nos desempeñemos perfectamente o no. No quiere que estemos llenos de orgullo, pero por cierto no nos creó para que nos rechacemos a nosotros mismos. Aquí es donde una revelación sobre "quienes" somos y lo que "hacemos" resulta muy valiosa. Debemos poder separar los dos y dar una mirada sincera a ambos. Si nos desempeñamos mal, podemos lamentarlo y esperar hacerlo mejor la próxima vez. Podemos tratar de mejorar nuestro desempeño (nuestro "hacer"), pero nuestra dignidad y valor (nuestro "quién") no puede ser determinado por nuestro desempeño.

Las personas que tienen problemas en esta área perciben las cosas mal. Como están esperando ser rechazadas si su desempeño no es bueno, reaccionan como si ya las hubieran rechazado, lo cual confunde a quienes se relacionan con ellas.

Este es un ejemplo: Mi gerente general, que ha estado con nosotros muchos años, tenía un problema en el área del desempeño y la aceptación. Ella creció creyendo y recibiendo el mensaje de que ganaba aceptación y amor por medio de la perfección.

Cuando comenzó a trabajar con nosotros, observamos que cada vez que le preguntábamos por su carga de trabajo reaccionaba de manera extraña. Parecía molestarla y empujarla a un ciclo de trabajo cada vez mayor y más frenético, a menos que pudiera decirnos que todo estaba perfectamente al día y toda su carga de trabajo estuviera completa. Esta conducta se estaba volviendo un gran problema para mí porque sentía que ella se retraía y realmente me rechazaba en esas ocasiones. Yo no la rechazaba por su imperfección, pero ella creía que era rechazada por mí; por lo tanto, no podía *recibir* mi amor, que yo seguía queriendo darle libremente.

Recibimos mediante el acto de creer; lo que creemos es lo que recibimos y nada más. Si no creemos en la gracia, la misericordia y el favor de Dios, no podemos recibirlos. Si creemos que debemos hacer todo perfectamente bien para ser aceptados por Dios, rechazaremos su amor aunque Él no nos esté rechazando. Este pensamiento y creencia erróneos nos mantienen atrapados. Es como la cinta caminadora que va tan rápido que parece que no podemos hallar un lugar para bajar.

Si usted está atrapado en la cinta caminadora del desempeño y la aceptación, oro que ese ciclo sea roto en su vida para que usted pueda recibir libremente la aceptación de Dios y luego ayudar a otros a hacer lo mismo.

SAQUE LA PRESIÓN DE OTRAS PERSONAS

Atan cargas pesadas y difíciles de llevar, y las ponen sobre los hombros de los hombres; pero ellos ni con un dedo quieren moverlas.
Mateo 23:4

Usted y yo nos presionamos a nosotros mismos cuando tenemos expectativas poco realistas, cuando esperamos ser perfectos. Dios no quiere que vivamos bajo este tipo de presión.

También podemos caer en el pensamiento erróneo que nos lleva a presionar a otras personas. Podemos esperar de la gente más de lo que es capaz de darnos. La presión continua sobre las personas con quienes nos relacionamos terminará por provocar el colapso de esa relación.

Todas las personas en todo lugar están buscando aceptación.
Como seres humanos, todos nosotros requerimos espacio, o libertad, para ser quienes somos. Queremos ser aceptados como somos. Eso no quiere decir que no sepamos que necesitamos un cambio, pero no queremos que la gente nos dé, aunque sea sutilmente, el mensaje de que debemos cambiar para ser "aceptados".

Estamos más dispuestos a cambiar para quienes están dispuestos a aceptarnos con nuestros defectos, que para los que nos exigen y esperan que vivamos por su lista de reglas y reglamentos.

Una cosa es segura: Dios no va a cambiar a la gente que nosotros estamos tratando de cambiar. Él tiene una "política de no intervención" cuando está trabajando en vidas humanas.

Recuerdo los años en que intentaba frenéticamente cambiar a mi esposo Dave y a cada uno de nuestros hijos de diferentes maneras. Esos fueron años frustrantes, porque sin importar lo que intentara, ¡no funcionaba! Un día Dios me dijo: "Esto lo vas a hacer tú, o yo, pero no ambos. Esperaré hasta que termines. Cuando lo hagas, házmelo saber ¡y yo me pondré a trabajar y haré la obra!".

Mi familia sabía que yo no estaba satisfecha con ellos. Los amaba, pero no incondicionalmente. No estaba dispuesta a aceptar sus defectos: *¡Yo los iba a cambiar!*

Aun cuando pensamos que estamos escondiendo nuestra desaprobación, las personas pueden sentirla. Está en nuestro tono de voz y lenguaje corporal aunque no esté en nuestras palabras. Podemos tratar de controlar lo que decimos, pero lo que está en el corazón al final sale de la boca. Tarde o temprano resbalamos y decimos lo que hemos estado pensando.

Yo presionaba a mi familia, y el hecho de que no los aceptaba como eran me estaba presionando a mí.

No estoy diciendo que debamos aceptar el pecado y el mal comportamiento en otras personas y limitarnos a soportarlo. Pero estoy diciendo claramente, por mi propia experiencia personal y por la Palabra de Dios, *¡que la manera de cambiar es la oración, no la presión!* Si amamos a las personas y oramos por su pecado, Dios obrará.

Muchas personas que nos irritan simplemente están siendo ellas mismas, y solo pasa que su personalidad no encaja con la nuestra. Mi hijo mayor, David, por ejemplo, me hacía sentir que tenía que probarle continuamente que lo amaba. Me desafiaba casi en todo. No era que rehusara hacer lo que se le decía que hiciera, pero él tenía que cuestionarlo. Quería tener el control y yo no estaba dispuesta a cedérselo. Era obstinado, y eso no me gustaba. Era inquieto e impaciente y eso tampoco me gustaba. Podía entrar en la habitación donde yo estaba, y en pocos minutos estábamos en alguna clase de conflicto. Aunque no fuera verbal, podíamos sentir el conflicto en la atmósfera.

Yo amaba a mi hijo, pero él no me gustaba. Quería que cambiara, y estaba decidida a hacerlo, lo quisiera él o no. De más está decir que nuestra relación estaba bajo constante presión. Cuando se hizo mayor, nuestro conflicto se agravó, pero como era un hombre y no un niño, yo no tenía más alternativa que aceptarlo como era o pedirle que se mudara de la casa.

Una noche en un servicio de iglesia a mediados de semana, el Señor me reveló que yo albergaba falta de perdón contra mi hijo porque pensaba que él no era lo suficientemente espiritual. Quería que él (y que todos mis hijos) fueran "muy espirituales". También quería que "hicieran su parte" en la iglesia y con mis amigos. Quería que pasaran sus noches leyendo la Biblia. Quería oírlos orar por la mañana. Yo quería, yo quería, yo quería, y todo lo que conseguí fue frustración y presión.

Dios me dijo que le pidiera perdón a David por los años de presión que había puesto sobre él y por no aceptarlo como era. Me llevó un par de semanas obedecer. Temía que si me humillaba y hacía lo que Dios me pedía, mi hijo sacaría ventaja de la situación.

Finalmente, hice lo que Dios me había ordenado. Le dije a mi hijo lo que Dios me había mostrado y le pedí perdón. Con mi esposo, Dave, le dijimos a David que tenía dieciocho años y que necesitábamos establecer algunas pautas nuevas en el hogar, así que aprovechamos esta oportunidad para hacerlo. Le dijimos que queríamos que fuera a la iglesia una vez por semana, que no llevara chicas a la casa cuando nosotros no estábamos, y que no pusiera rock pesado cuando nos íbamos. Aparte de eso, estábamos dispuestos a dar marcha atrás y dejar de tratar de cambiarlo. Le dijimos que lo aceptábamos tal como era.

Cuando Dave y yo le explicamos todo a nuestro hijo, él comenzó a llorar. "No saben cuánto he necesitado oír que ustedes me aman y me aceptan como soy", nos dijo. Luego continuó diciendo: "Desearía con todo mi corazón sentir acerca de Dios como tú y papá lo hacen, pero no lo siento y no puedo hacerme sentir algo diferente. Estoy haciendo lo mejor que puedo en este momento, pero espero cambiar".

Se requirió mucha gracia, especialmente para mí, pero quitamos la presión. Retrocedimos y pusimos nuestra confianza en Dios para que hiciera lo que debiera hacerse. Pasaron unos seis meses, y no veíamos ningún cambio en David. Entonces, *súbitamente* una víspera de Año Nuevo ¡él fue a la iglesia y Dios lo tocó! Cuando volvió a casa, anunció que iba a ir al Instituto Bíblico y que iba a servir a Dios plenamente, aun si eso significaba perder a todos los amigos que tenía.

Ahora David es uno de nuestros directores de departamento en Life In The Word. Es el jefe de nuestro programa de Misiones Mundiales y del departamento de medios de comunicación. También es uno de nuestros buenos amigos. Disfrutamos juntos de nuestra comunión.

Cuando yo presionaba a David, eso tenía un efecto bumerán y terminaba presionándome a mí. No servía de nada, sino que en realidad hacía daño tanto a nuestra relación y al nivel de seguridad de él. Fue muchos años después de ese hecho que me di cuenta de por qué me había resultado tan difícil su personalidad: *¡él es igual a mí!*

La personalidad de mi esposo también me irritaba. Dave es tolerante (respecto a la mayoría de las cosas). Es amante de la paz y hará la milla extra para preservarla. Su filosofía de vida está tomada directamente de la Biblia: *¡echa tu carga!* (1 Pedro 5:7). Esa es su respuesta a la mayoría de las cosas. Como resultado, la vida es bastante fácil para él.

Yo, por el contrario, no era nada tolerante. Tenía opiniones y deseos muy definidos. Cuando no me salía con la mía, hacía mucho alboroto al respecto. Me importaba y no estaba dispuesta a echar la carga.

La naturaleza tolerante de Dave, aunque era una gran bendición para mí, también me exasperaba a veces. Yo pensaba que quería que fuera más agresivo en la vida. Un día él me puso en mi lugar al decirme: "Joyce, deberías estar muy feliz de que sea como soy; de lo contario, seguramente no estarías haciendo lo que haces". Se refería a que yo estaba en el ministerio a tiempo completo. El hecho de que Dios haya hecho a Dave como es, ha hecho que a él le resulte fácil permitirme la libertad para tener éxito en ser yo misma. No solo me lo ha permitido: él me ha ayudado.

Con frecuencia las cosas que más necesitamos de otras personas están disponibles para que las disfrutemos, *si* dejamos de juzgarlas y de tratar de cambiarlas. Yo necesitaba un hombre pacífico en mi vida. Todos los otros hombres que había encontrado habían sido cualquier cosa menos pacíficos. Yo había orado años por un hombre como Dave, y cuando lo tuve traté de ponerlo en el torno del alfarero y remodelarlo. Eso causó presión en nuestra relación. Dave era tolerante, pero hasta él terminó por cansarse. Yo estaba empezando a no gustarle más; me lo dijo y eso me aterró. Y me alegro de que lo hiciera, porque eso provocó que yo quitara la presión y confiara en que Dios cambiaría lo que fuera necesario cambiar.

A Dave siempre le encantaron los deportes, y esa era una de las cosas que yo quería cambiar. A mí no me importaban, así que en mi egoísmo quería que a él tampoco le gustaran. Yo quería toda su atención. Quería que él hiciera lo que yo quería hacer.

Yo, yo, yo: ese es nuestro mayor problema.

Recuerdo muchas tardes de domingo que pasé gritando y haciendo muecas mientras Dave miraba fútbol, béisbol, hockey, golf o algún otro deporte. Mi actitud no hacía que dejara de verlos; en realidad, él no me permitía molestarlo en absoluto, y eso me ponía aun más furiosa. Pero finalmente eso me ministró. Comencé a anhelar la estabilidad y la paz que veía en su vida.

Con el paso de los años, aprendí que yo podía encontrar otras cosas que hacer durante esos juegos de pelota. Dave hacía cosas que yo quería que hiciera la mayor parte del tiempo. No era realista esperar que renunciara a todo lo que disfrutaba solo porque yo no lo disfrutaba.

He recorrido un largo camino. Ahora mismo, mientras escribo este libro, estoy mirando a Dave que está sentado en el otro extremo de la habitación en donde trabajo en mi computadora. Está mirando un partido de golf y durante los comerciales mira un partido de fútbol. Él no ha cambiado en esa área, pero yo sí. La presión se fue, y nuestro matrimonio es mejor

A veces queremos que los otros cambien, cuando en realidad somos nosotros quienes necesitamos cambiar.

Nuestra hija mayor, Laura, era indisciplinada. No le gustaba la escuela y estaba satisfecha con calificaciones de mediocres a malas. Su habitación era siempre un desastre, y yo constantemente le estaba diciendo (en realidad gritándole) que la ordenara. No me gustaba su elección de amigos, ni me gustaba su actitud. La presionaba tanto que cuando se casó no me llamó por seis meses. Eso me dolió mucho, pero ahora entiendo algunas cosas que no entendía entonces.

No podemos cambiar a la gente presionándola o regañándola.

Para que el cambio sea efectivo, debe venir desde dentro hacia fuera. Solamente Dios puede efectuar ese tipo de cambio en el corazón.

Gracias a Dios, Laura y yo también hemos restaurado nuestra relación. Después de seis meses me dijo que yo había tenido razón respecto de muchas cosas. Para ese entonces, yo estaba dispuesta a admitir que también me había equivocado en muchas cosas. Hoy en día ella trabaja en nuestro equipo, como todos nuestros hijos, y las dos somos muy buenas amigas. Ella ha cambiado, y yo he cambiado, pero no nos cambiamos una a la otra. ¡Dios lo hizo!

Mi hija menor, Sandra, no me era tan difícil de manejar como los dos hijos mayores. Su personalidad la hacía querer hacer todo perfectamente, y mientras más perfecta era ella, más me gustaba que lo fuera. Ella se presionaba lo suficiente como para no necesitar ayuda de nadie. Tenía muchas expectativas irrealistas sobre sí misma que la presionaban al punto de tener problemas de espalda y de colon relacionados con el estrés. Nunca estaba satisfecha consigo misma en nada. No le gustaba su cabello, su piel, su apariencia o su figura. No le gustaban sus dones ni sus talentos. Pensaba que era lenta y boba. ¡Ella también ha cambiado! Parece que todos cambiamos si "tenemos paciencia" con el Señor.

Sandra ahora está a cargo del ministerio de ayuda para nuestras conferencias. Es una gran responsabilidad, y hace un trabajo excepcional. También me ayuda con algunas cosas en el púlpito (ofrendas, anuncios, exhortaciones, etc.). Ella tiene en su vida un genuino llamado al ministerio de ayuda. ¡Le encanta ayudar! Ayuda a sus hermanos y hermanas como niñera. Ayuda a mi tía viuda pasando tiempo con ella y llevándola a pasear.

El diablo había convencido a Sandra en los primeros años de su vida de que ella no tenía dones ni era talentos. Ella le creyó, y mientras lo hizo, estuvo triste y se sintió sin valor.

Qué mentiroso es Satanás, pero mientras creamos sus mentiras estaremos insatisfechos y no lograremos éxito en ser nosotros mismos.

Sandra era y es una preciosa persona que se rechazó sí misma por un período, pero a través de la Palabra de Dios halló la verdad que la ha hecho libre. Su personalidad perfeccionista la hizo presionar a otras personas por un tiempo. Tenía expectativas poco realistas de ellos así como de sí misma.

Siempre que esperemos que otro nos mantenga felices todo el tiempo, vamos a recibir una decepción.

Cuando Sandra se casó, fue con un hombre que se parece mucho a Dave: muy tolerante y amante de la paz. Es muy fácil llevarse bien con él, pero no le gusta que lo fastidien. Llegó a un punto en el que dijo a Sandra que dejara de actuar como su madre. Ella se enojó mucho y le dolió pero al pasar los días se dio cuenta de que él tenía razón. Ha quitado de él la presión, y como resultado ella misma está experimentando menos presión.

Nuestro hijo menor, Daniel, perdió la mayor parte de mis "días fogosos". En el momento en que él llegó, yo estaba más madura en el Señor. Ya había aprendido las lecciones de aceptar a las personas como son, permitiendo que Dios haga los cambios que considere necesario en ellos.

La personalidad de Daniel es muy parecida a la de Laura, pero él y yo hemos tenido muy pocos conflictos en todos estos años. Yo lo acepto por ser quien es, no por lo que hace o no hace. Lo corrijo cuando lo necesita, pero no lo rechazo porque no me haya agradado.

Al igual que Laura, a Daniel no le gustaba la escuela, y los doce años fueron empujar y empujar para conseguir que terminara; pero lo hizo. Se graduó y ahora es un miembro estable de la sociedad. Trabaja en el departamento de televisión de nuestro ministerio y tiene una visión para trabajar con los jóvenes. Estoy muy contenta de que finalmente aprendí a ser pacífica.

¡La paz es mucho mejor que la presión!

Tal vez usted tenga que quitarles la presión a algunas de las personas que están en su vida. Piénselo. Si Dios le muestra situaciones en las que usted no está equilibrado en esta área, lo animo a realizar los cambios necesarios. Usted y yo cosechamos lo que sembramos, como todos los demás. Si sembramos libertad en las vidas de otras personas, cosecharemos libertad. Si quitamos la presión a los otros, no solo nos quitaremos presión a nosotros mismos sino que notaremos que otras personas también nos presionan menos.

EXPECTATIVAS POCO REALISTAS

Y no tenía necesidad de que nadie le diese testimonio del hombre, pues él sabía lo que había en el hombre.
Juan 2:25

Hemos analizado con amplitud las expectativas poco realistas con respecto a las personas, pero quiero dar una mirada más profunda al tema. Parece que nuestras expectativas son las que nos prepararan para decepcionarnos con la gente y las situaciones.

¿Estoy diciendo, entonces, que no deberíamos esperar nada? ¡Por supuesto que no! Deberíamos esperar lo mejor de las personas, pero al mismo tiempo debemos recordar que son personas.

Cuando los discípulos de Jesús lo decepcionaron, eso no lo abrumó, porque Él ya conocía y comprendía plenamente la naturaleza humana. Jesús esperaba que sus discípulos hicieran lo mejor, pero sabía que incluso lo mejor de ellos sería todavía imperfecto.

Me he dado cuenta de que siempre buscamos el matrimonio perfecto, el amigo perfecto, el empleo perfecto, el vecindario perfecto, la iglesia perfecta, y la verdad es que ¡eso no existe! Mientras estemos en cuerpos terrenales manifestaremos imperfección. Dios debe haber sabido que eso es verdad, porque en su

Palabra nos dio muchas instrucciones respecto de cómo tratar con personas que nos irritan o nos decepcionan.

Por ejemplo en Gálatas 6:2, leemos: *Sobrellevad los unos las cargas de los otros, y cumplid así la ley de Cristo.* En Juan 13:34 Jesús dijo: *Un mandamiento nuevo os doy: Que os améis unos a otros; como yo os he amado, que también os améis unos a otros.* La ley de Cristo es la ley del amor. Si nos amamos unos a otros como Él nos ama, debemos amarnos sin condiciones y sin presiones.

En 1 Pedro 2:19-21, Pedro nos dice que tenemos que amar a aquellos con los cuales es difícil llevarse bien, diciendo además que en realidad estamos llamados a este tipo de vida.

Otra escritura que nos enseña cómo tratar a quienes nos hieren o nos irritan es Romanos 12:16, en la que Pablo escribe: *Unánimes entre vosotros; no altivos, asociándoos con los humildes. No seáis sabios en vuestra propia opinión.*

Finalmente, 1 Pedro 3:9 nos dice: *no devolviendo mal por mal, ni maldición por maldición, sino por el contrario, bendiciendo, sabiendo que fuisteis llamados para que heredaseis bendición.*

No hay lugar en la Palabra de Dios en que se nos diga que rechacemos a las personas. En cambio, tenemos que amarlas, tenemos que darles comprensión, misericordia y compasión.

Admito que es más fácil hablar de cómo tratar a las personas irritantes que están en nuestras vidas que hacerlo, pero si el Señor nos ha dicho que lo hagamos, entonces podemos hacerlo.

Las expectativas poco realistas nos afectan en muchas áreas diferentes. Primero, tenemos expectativas poco realistas respecto de nosotros mismos. Esperamos ser capaces de hacer lo que otros hacen. Pero si no estamos dotados en la misma área, no podemos destacarnos en ella. Cuando hacemos las cosas mal nos sentimos mal con nosotros mismos. Eso parece poner en movimiento un ciclo sin fin de querer alcanzar cosas que están fuera de nuestro alcance, con la esperanza de demostrar algo que no tenemos que demostrarle a nadie.

Yo soy libre para ser yo, y usted es libre para ser usted. Todo lo que necesitamos hacer es obedecer personalmente a Dios; no tenemos que probar nada, ni a nosotros mismos ni a nadie. Si obedecemos a Dios, Él cuidará de nuestra reputación. Cuando esperamos desempeñarnos en áreas que están fuera de nuestros dones y llamado, nos colocamos solos en posición de decepcionarnos.

Las expectativas poco realistas nos afectan en nuestra relación con otras personas. Como mencioné anteriormente las personas son personas, y todas las personas vienen con puntos fuertes y puntos débiles. Para relacionarnos con las personas tenemos que tomar ambos. Esperar que los demás sean responsables de nuestra felicidad personal es un gran error.

Como dijo Abraham Lincoln, la mayoría de las personas son tan felices como deciden serlo. Si ellas no deciden ser felices, no podremos hacerlas felices, hagamos lo que hagamos.

Durante los años en que tuve tantas expectativas poco realistas respecto de Dave y mis hijos, frustré a todos con mis exigencias irrazonables. Dave, al ser un amante de la paz, trataba de mantenerme feliz haciendo las diversas cosas que yo le decía que quería hacer, pero por alguna razón nunca estaba permanentemente feliz. Por fin, un día me dijo: "Joyce, me he dado cuenta de que sin importar lo que haga, no puedo mantenerte feliz; por lo tanto, voy a dejar de intentarlo".

Yo no era feliz porque no estaba mirando la vida con realismo.

Hay veces en que nos gusta creer que la fe quita el realismo, que no importa lo que esté pasando en nuestras vidas, podemos revertirlo por creer que Dios lo cambia. Muchas cosas pueden ser cambiadas por el poder de Dios y su Palabra, pero hay algunas cuestiones en la vida que debemos enfrentar y tratar nosotros mismos, y una de esas cuestiones es esto de lo cual estoy hablando ahora.

Las personas no son perfectas, y esperar que lo sean es frustrante para todos los involucrados. Debemos aprender a ser generosos con la misericordia y sembrar semillas de misericordia para poder cosechar misericordia cuando la necesitemos.

Las expectativas poco realistas respecto de nuestras circunstancias también pueden ser una herramienta usada por Satanás para sumirnos en el desaliento y la desesperación. En Juan 16:33 Jesús dijo: *En este mundo afrontarán aflicciones, pero ¡anímense! Yo he vencido al mundo* (NVI). ¿Qué estaba diciendo? "Ustedes también pueden animarse, porque mientras estén en el mundo tendrán alguna aflicción. Pero no se preocupen por eso, porque yo tengo todo bajo control".

A todos nos gusta planear nuestra vida y que vaya exactamente de la forma en que lo planeamos, pero eso rara vez ocurre. Eso no es negativo; es la verdad. Como creyentes, se nos ha dado el poder del Espíritu para ayudarnos a hacer cosas difíciles, no para hacer nuestra vida tan fácil que nunca tengamos que usar nuestra fe.

Lo animo a esperar que sucedan cosas buenas en su vida. Ciertamente, no le diría que espere cosas malas. También lo animo a ser realista y darse cuenta de que todos tenemos que lidiar con cosas que son desagradables y personas que son desagradables. Nuestra actitud en estas situaciones difíciles hace la diferencia entre si disfrutamos la vida o no.

Lo animo a fijar su mente y mantenerla fija en esta área. Decídase a no volver a ser derrotado por circunstancias que no se alinean con sus deseos. Mantenga la calma en las pruebas y confíe en Dios. Lo que Satanás dispone para hacerle daño, Dios hará que obre para su bien ya que usted confía en Él. Ore en esta área y pida la ayuda del Espíritu Santo. Mientras viva en el engaño de las expectativas poco realistas, nunca tendrá éxito en aceptarse a sí mismo.

8

RECIBIR GRACIA, FAVOR Y MISERICORDIA

8
RECIBIR GRACIA, FAVOR Y MISERICORDIA

En la Biblia hay algunas palabras a las que me gusta llamar "palabras poderosas". Si son correctamente entendidas, pueden ayudarnos en gran manera a tener éxito en ser nosotros mismos. Así como nunca podremos ser libres para tener éxito en ser nosotros mismos a menos que aprendamos sobre el amor incondicional de Dios y lo recibamos, lo mismo ocurre con recibir su gracia, su favor y su misericordia.

> Acerquémonos, pues, confiadamente al trono de la *gracia*, para alcanzar *misericordia* y hallar *gracia* para el oportuno socorro.
>
> HEBREOS 4:16

En primer lugar, vamos a examinar la poderosa palabra *recibir*.

Mencioné que debemos recibir gracia, favor y misericordia, pero muchas personas no saben en absoluto cómo recibir. En nuestra sociedad estamos acostumbrados a trabajar o pagar por todo. Luchamos por conseguir, pero Dios quiere que recibamos gratuitamente.

Incluso en nuestras conversaciones unos con otros decimos cosas como: "¿Fuiste *salvo*? ¿*Obtuviste* el Espíritu Santo? ¿*Lograste* la victoria? ¿*Te* liberaste?" Estas preguntas son realmente inapropiadas, pero dan indicios de nuestra mentalidad.

Una y otra vez, la Biblia habla de recibir de Dios. Él siempre está derramando su bendición, y deberíamos, como vasos vacíos y sedientos, aprender a tomar gratuitamente todo lo que Él nos ofrece. Considere estas escrituras:

> *Mas a todos los que le* **recibieron**, *a los que creen en su nombre, les dio potestad de ser hechos hijos de Dios*
> *Juan 1:12*

*Porque de su plenitud **recibimos** todos, y gracia sobre gracia.*
Juan 1:16, RV 1995

*Pero **recibiréis** poder, cuando haya venido sobre vosotros el*
Espíritu Santo, y me seréis testigos en Jerusalén, en toda
Judea, en Samaria, y hasta lo último de la tierra.
Hechos 1:8

*Entonces les imponían las manos, y **recibían** el Espíritu*
Santo.
Hechos 8:17

De éste dan testimonio todos los profetas, que todos los que en
*él creyeren, **recibirán** perdón de pecados por su nombre.*
Hechos 10:43

*Os exhortamos también a que no **recibáis** en vano la gracia*
de Dios.
2 Corintios 6:1

*Esto solo quiero saber de vosotros: ¿**Recibisteis** el Espíritu*
por las obras de la ley, o por el oír con fe?
Gálatas 3:2

*Por tanto, de la manera que habéis **recibido** al Señor Jesu-*
cristo, andad en él.
Colosenses 2:6

*...para **recibir** misericordia...*
Hebreos 4:16, NVI

Por lo cual, desechando toda inmundicia y abundancia de
*malicia, **recibid** con mansedumbre la palabra implantada,*
la cual puede salvar vuestras almas.
Santiago 1:21

Estas escrituras y muchas otras semejantes enfatizan el principio de recibir en vez de conseguir. Mis estudios de los últimos

años han dado como resultado estas definiciones de las palabras *conseguir* y *recibir*: conseguir es obtener con lucha y esfuerzo, mientras que recibir es convertirse en un receptáculo y sencillamente tomar lo que está siendo ofrecido.

Esta diferencia entre conseguir y recibir nos ayuda a comprender por qué tantos cristianos luchan en su caminar con el Señor. Ellos están tratando de conseguir de Él todo lo que necesitan, cuando simplemente deberían estar pidiendo y recibiendo.

PEDIR Y RECIBIR

*...pedid, y **recibiréis**, para que vuestro gozo sea completo.*
Juan 16:24, RV 1995

Esta es una de mis escrituras favoritas sobre el tema de recibir. Suena tan sencillo, y en realidad ese es su propósito.

Jesús vino para librarnos de la lucha, no para invitarnos a una nueva forma de luchar bajo la bandera del cristianismo. Cuando aprendamos a pedir y a recibir, verdaderamente nuestro gozo será completo. Una vez que hayamos recibido gratuitamente, entonces podremos dar gratuitamente.

RECIBIR GRATUITAMENTE, DAR GRATUITAMENTE

Den gratuitamente lo que gratuitamente recibieron.
Mateo 10:8, RVC

En nuestra sociedad actual encontramos con muy pocas personas que sean capaces de dar gratuitamente. Tal vez esta escritura arroje luz sobre el por qué. Si nunca aprendemos a recibir gratuitamente de Jesús, nunca aprenderemos a dar gratuitamente a otros.

Satanás ha hecho un buen trabajo al engañarnos para que creamos que debemos ganar o pagar por todo. De alguna manera hemos sido convencidos de que debemos luchar y esforzarnos para conseguir de Dios lo que queremos. Sin embargo,

Jesús dijo: *Venid a mí todos los que estáis trabajados y cargados, y yo os haré descansar* (Mateo 11:28).

"Venid a mí" es una invitación que se siente cómoda. No está llena de sonidos de lucha y esfuerzo.

Tenemos que aprender más acerca de recibir y llegar a entender que de acuerdo a la Palabra de Dios todas sus bendiciones vienen por gracia, por medio de la fe.

POR GRACIA, POR MEDIO DE LA FE

> *Porque por gracia sois salvos por medio de la fe; y esto no de vosotros, pues es don de Dios; no por obras, para que nadie se gloríe.*
> *Efesios 2:8-9*

Somos salvos por gracia, por medio de la fe, y debemos aprender a vivir nuestra vida cotidiana de la misma manera. La gracia es algo que no puede ganarse de ninguna manera; solo puede recibirse gratuitamente, como un regalo.

La gracia es el poder de Dios para ayudarnos en áreas en que no podemos ayudarnos a nosotros mismos. En Juan 15:5 Jesús nos dice: *separados de mí nada podéis hacer.* Por lo tanto, necesitamos ayuda en cada área de nuestras vidas. Si vamos a vivir victoriosamente, debemos ser conscientes de nuestra impotencia y ejercitar nuestra fe en la gracia de Dios. Él está más que dispuesto a ayudarnos si nosotros estamos dispuestos a renunciar a nuestras actitudes independientes.

En Gálatas 2:21 el apóstol Pablo dijo que si no recibía la gracia de Dios, estaría tratando su don como algo de menor importancia, frustrando su propósito y anulando su efecto. La gracia siempre fluye hacia nosotros en cada situación, pero debe recibirse por fe. En el versículo 20 Pablo también dice que ya no vivía él sino Cristo, Quien vivía en él, y que la vida que vivía entonces, la vivía en la fe del Hijo de Dios.

Yo descubrí hace años que cada vez que me frustraba era

porque estaba tratando de hacer algo por mí misma, en mi propia fuerza, en vez de poner mi fe en Dios y recibir su gracia (ayuda). Estaba frustrada y luchando con algo la mayor parte del tiempo en los primeros años de mi caminar con el Señor. Recibir una revelación de la gracia de Dios fue un gran avance para mí. Yo siempre estaba "tratando" de hacer algo y dejaba a Dios al margen. Traté de cambiarme a mí misma, traté de cambiar a mi esposo y a mis hijos, traté de sanarme, traté de prosperar, traté de hacer que mi ministerio creciera y traté de cambiar cada circunstancia de mi vida que no me gustaba. Estaba frustrada porque ninguno de mis intentos producía buenos resultados.

Dios no permitirá que tengamos éxito sin Él. Si lo hiciera, nos llevaríamos el crédito que le es debido. Si nosotros pudiéramos cambiar a las personas, las cambiaríamos para que se ajusten a nuestros propósitos, lo cual les robaría la libertad de tomar sus propias decisiones.

Finalmente aprendí a orar por lo que yo creía que necesitaba ser cambiado, y dejar que Dios lo hiciera a su manera y a su tiempo. Cuando comencé a confiar en su gracia, entré a su reposo.

GRACIA Y PAZ A VOSOTROS

> *Gracia y paz a vosotros, de Dios nuestro Padre y del Señor Jesucristo.*
> *1 Corintios 1:3*

En muchas de las epístolas encontramos en los primeros versículos el saludo "gracia y paz a vosotros". No podemos disfrutar la paz a menos que comprendamos la gracia.

Muchos creyentes están frustrados en su experiencia cristiana porque no entienden cómo recibir gratuitamente gracia, favor y misericordia. Siempre están trabajando en algo, tratando de ganar lo que Dios da solo por gracia por medio de la fe.

Primera de Pedro 5:5 nos enseña que Él da gracia solamente a los humildes. Los humildes son los que admiten su debilidad y total incapacidad para verdaderamente tener éxito sin la ayuda de Dios. Los orgullosos siempre están tratando de conseguir algo de crédito. Ellos quieren pensar que es su capacidad la que logra realizar lo que es necesario hacer. Las personas orgullosas tienen dificultades para pedir, y aun más dificultades para recibir.

CRECER EN LA GRACIA

Antes bien, creced en la gracia y el conocimiento de nuestro Señor y Salvador Jesucristo. A él sea gloria ahora y hasta el día de la eternidad. Amén.

2 Pedro 3:18

Una vez que entendemos la gracia, debemos crecer en aprender cómo recibirla en cada situación. El confiar plenamente en Dios es algo en lo cual crecemos. Cuanto más confiamos en Dios, más fuertes somos espiritualmente. Cuanto más confiamos en nosotros mismos, o incluso en otras personas y cosas, más débiles somos espiritualmente.

Yo tuve que poner en práctica el confiar en Dios para las finanzas. En un momento de mi ministerio, cuando recién comenzaba, Dios me pidió que confiara en que Él proveería económicamente para mi familia sin mi trabajo fuera del hogar. Yo sabía que necesitaba tiempo para prepararme para el ministerio al que Él me había llamado. Trabajar en un empleo a tiempo completo además de ser esposa y madre de tres niños pequeños no me dejaba mucho tiempo para prepararme para ser una maestra internacional de Biblia. Como un acto de fe y con el consentimiento de mi esposo, dejé mi empleo y comencé a confiar en que Dios nos proveería. Dave tenía un buen empleo, pero su salario mensual era de cuarenta dólares menos que nuestras cuentas a pagar. Esto significaba que teníamos que

RECIBIR GRACIA, FAVOR Y MISERICORDIA

137

tener un milagro de Dios cada mes para cubrir nuestros gastos regulares, ni hablar de tener algo adicional.

Recuerdo qué lucha fue no volver a trabajar. Cada mes, Dios proveyó, y ver su fidelidad fue emocionante, pero estaba acostumbrada a cuidarme a mí misma; todo este "caminar por fe" estaba crucificando mi carne "a más no poder". Fue difícil para mí seguir practicando confiar, pero finalmente aprendí a caminar por fe en esta área. Lograr ese sólido fundamento al comienzo de nuestro ministerio nos ha ayudado muchas veces a no entrar en pánico cuando tenemos necesidades económicas en el ministerio.

También tuve que poner en práctica confiar en Dios respecto de la sumisión a la autoridad. Yo había sido herida y maltratada por figuras de autoridad en mi vida, especialmente figuras masculinas de autoridad. Esas experiencias me habían dejado bastante decidida a hacer las cosas a mi manera y a no confiar en la gente. Por supuesto, la Palabra de Dios dice que las esposas deben someterse a sus esposos (vea Efesios 5:22; Colosenses 3:18), y hallé que esto era muy difícil. Como la mayoría de las parejas casadas, Dave y yo tenemos personalidades muy diferentes, y yo no estaba de acuerdo con muchas de sus opiniones y decisiones. Sin embargo, nada de esto cambiaba la Palabra de Dios, así que tuve que aprender a someterme quisiera o no. Una vez más, practicar fe en estas áreas crucificaba mi carne.

Recuerdo vívidamente decirle al Señor en una situación particularmente difícil para mí: "¿Cómo puedes pedirme que confíe en las personas después de las cosas que me han pasado en la vida?"

Él respondió en mi corazón: "Yo no te estoy pidiendo que confíes en las personas, Joyce; te pido que confíes en mí".

Quería que confiara en que Él traería justicia a mi vida en cada situación, y que me diera cuenta de que si no me salía con la mía, tal vez estaba equivocada, o tal vez Él tenía una mejor manera o un tiempo diferente en mente. Finalmente, al practicar una y otra vez en esta área obtuve la victoria.

Solamente aprendemos a confiar en Dios al hacerlo. Creemos en la gracia al poner en práctica depositar nuestra fe en Dios y recibir su gracia en situaciones que son difíciles o imposibles para nosotros. A veces ponemos nuestra fe en Dios, y Él nos da gracia para ser libres. Otras veces ponemos nuestra fe en Dios, y Él nos da gracia para "atravesar" la situación. Debemos dejarle esa elección a Él y saber que de cualquier manera podemos tener victoria, pero solo por gracia por medio de la fe.

Si en este momento usted está luchando con algo en su vida, pregúntese sinceramente si está poniendo en Dios su fe en que su gracia satisfará la necesidad. Recuerde: la gracia es un favor inmerecido para nosotros los pecadores. Es el poder de Dios que entra en nuestras situaciones para hacer por nosotros lo que no podemos hacer por nosotros mismos.

DONES DE GRACIA

Digo, pues, por la gracia que me es dada, a cada cual que está entre vosotros, que no tenga más alto concepto de sí que el que debe tener, sino que piense de sí con cordura, conforme a la medida de fe que Dios repartió a cada uno.
Romanos 12:3

Anteriormente hablamos de la diversidad de dones que Dios da a las personas. Estos dones (capacidades y talentos) llegan a nosotros por su gracia, no por nuestros méritos.

En 1 Corintios 15:10 el apóstol Pablo escribió: *Pero por la gracia de Dios soy lo que soy...* Si no estamos conscientes de que somos lo que somos por la gracia de Dios, tendremos un concepto de nosotros mismos más alto de lo que deberíamos.

Las personas orgullosas se comparan con otros y se sienten superiores si son capaces de hacer algo que otros no pueden. Como cristianos debemos juzgarnos con sobriedad, sabiendo que sin Dios no podemos hacer nada de valor y que todo lo que somos capaces de lograr es solamente por su gracia. Él nos da una medida de su propia fe para hacer lo que nos asigna en la vida. Él nos da capacidades por su gracia y su favor, no porque nos lo ganemos.

Cuando Dios me reveló su llamado a mi vida, yo era un gran desastre. Yo había nacido de nuevo, pero era muy carnal. Tenía muchas disfunciones emocionales debido al abuso de mi pasado. Tenía dificultades para mantener relaciones sanas, no andaba en el fruto del Espíritu y era muy egoísta y egocéntrica, manipuladora y controladora, entre otras muchas cosas. No había ninguna razón visible por la cual Dios debería haberme elegido para enseñar su Palabra y liderar un ministerio internacional. ¡Él me llamó por su gracia! Yo todavía me sigo asombrando por su bondad en mi vida, y le estoy muy agradecida.

No podemos estar verdaderamente agradecidos o asombrados si no comprendemos que somos llamados por la bondad de Dios, no la nuestra.

La gracia de Dios es multifacética o multiforme como vemos en 1 Pedro 4:10: *Cada uno según el don que ha recibido, minístrelo a los otros, como buenos administradores de la multiforme gracia de Dios.*

La gracia de Dios se manifiesta en cada uno de nosotros de una manera diferente. Por ejemplo, yo soy muy disciplinada en muchas áreas. Creo que necesito un don de disciplina que me ayude a cumplir el llamado de Dios en mi vida. Tengo que disciplinarme para trabajar a veces cuando otros están disfrutando de entretenimientos. He tenido que disciplinarme a través de los años para estudiar miles de horas a fin de enseñar la Biblia con precisión. Soy muy consciente de que necesito disciplinar mi conducta y mis emociones en todo momento debido a mi amor por el Señor y la posición que Él me ha dado el privilegio de tener.

A Moisés no se le permitió llevar a los israelitas a la Tierra

Prometida debido a su desenfrenada emoción de ira (vea Números 20:12; Salmo 106:32,33.) En Santiago 3:1-2, la Biblia dice que los maestros son juzgados por un estándar mayor y con mayor severidad que otras personas:

> *Hermanos míos, no os hagáis maestros muchos de vosotros, sabiendo que recibiremos mayor condenación. Porque todos ofendemos muchas veces. Si alguno no ofende en palabra, éste es varón perfecto, capaz también de refrenar todo el cuerpo.*

Tengo una fuerte convicción de que necesito "predicar con el ejemplo" no solo "predicar con palabras". Como líder, debo ser un ejemplo que otras personas puedan seguir. Tengo una carne como todos los demás, y no siempre quiere cooperar conmigo; por lo tanto, tengo que disciplinarme. No siempre es fácil, pero la disciplina probablemente es más fácil para mí que para alguien que tiene una personalidad diferente y es llamado a hacer algo de diferente naturaleza.

La gracia se manifiesta de diferentes maneras en diferentes personas, pero cualquier cosa en lo que seamos buenos o tengamos éxito, es debido a la gracia de Dios. Ninguno de nosotros está dotado en cada área, e incluso en aquellas áreas en las que estamos dotados rara vez somos perfectos.

Por ejemplo, creo que estoy dotada por Dios con una fuerte voluntad, pero hay momentos en que esa fuerza también se convierte en mi peor enemigo. Es buena cuando necesito terminar algo difícil, pero no lo es tanto cuando quiero salirme con la mía, y mi férrea voluntad sigue impulsando algo que Dios no está dando. Encuentro que lo mismo vale para mi boca. Mi boca es mi mayor don; es la parte de mí que Dios usa todo el tiempo. Sin embargo, a lo largo de los años también ha sido una de mis mayores debilidades, una por la cual he tenido que orar continuamente.

Estas cosas nos mantienen dependientes de Dios y no de nosotros mismos. Para tener éxito en ser nosotros mismos, debemos comprender cómo recibir gracia, favor y misericordia. No podemos recibir algo si ni siquiera entendemos qué es. Es vitalmente importante recordar que la gracia es el favor inmerecido de Dios al cual recibimos por medio de nuestra fe. Nos deja agradecidos y viviendo la vida con una "actitud de gratitud".

CREER EN EL FAVOR DE DIOS

Pero Jehová estaba con José y extendió a él su misericordia, pues hizo que se ganara el favor del jefe de la cárcel.
Génesis 39:21, RV 1995

En la Biblia se habla de muchas personas que recibieron favor. Puesto que Dios no hace acepción de personas (vea Hechos 10:34), nosotros podemos creer y recibir favor en nuestra vida diaria.

En Génesis 39 leemos cómo José fue injustamente acusado y encarcelado. Pero el Señor estaba con él y le mostró misericordia y gracia. Le dio favor a los ojos del jefe de la cárcel, quien puso a José a cargo de todo lo que ocurría allí. De hecho, el jefe consideraba tan favorablemente a José que no prestaba atención a lo que éste hacía, y el Señor hizo que sus esfuerzos prosperarán incluso en esa sombría situación.

El favor también está disponible para nosotros, pero como muchas otras cosas buenas de la vida, que algo esté disponible para nosotros no significa que tendremos parte en él. El Señor deja a nuestra disposición muchas cosas que nunca recibimos ni disfrutamos porque nunca activamos nuestra fe en esa área.

Yo necesitaba mucho favor para llegar adonde estoy hoy en día en el ministerio. Creo que he tenido éxito en ser yo misma, la persona que Dios originalmente quería que fuera, pero nunca podría haber ocurrido sin su favor. Por ejemplo, cuando comenzamos nuestro ministerio televisivo en 1993, prácticamente nadie siquiera sabía que Joyce Meyer existiera. Yo sabía que necesitaríamos mucho favor de Dios para lograr estar en canales de televisión de calidad en todo el mundo. Sabía que Dios tenía que abrir puertas para nosotros. Estaba dispuesta a caminar a través de ellas con valentía, pero Él tenía que abrirlas y no solo darme favor con los propietarios y gerentes de los canales televisivos sino además con las audiencias de televisión.

Soy una mujer audaz, directa y franca. Muchas personas no manejan muy bien ese tipo de personalidad, así que sabía que necesitaba favor. Necesitaba que Dios les mostrara mi corazón a las personas y las ayudara a creer que yo quería ayudarlas.

Creo que todos tenemos algunas peculiaridades de personalidad que pueden desagradar a la gente, así que orar por el favor de Dios es algo sabio. Cuando Dios da favor, la gente nos concede favor, y a menudo sin ninguna razón que ellos puedan explicar. Si tres personas solicitaran el mismo puesto y todas estuvieran calificadas por igual, la que vive bajo el favor de Dios lo conseguiría.

El favor es realmente parte de la gracia. En el Nuevo Testamento en inglés y en español tanto la palabra *gracia* como la palabra *favor* son traducidas de la misma palabra griega, *járis*.[1] De modo que la gracia de Dios es el favor de Dios. Y el favor de Dios es la gracia de Dios: eso que hace que sucedan en nuestra vida las cosas que es necesario que sucedan, por medio del canal de nuestra fe, el poder de Dios que hace por nosotros algo que no podemos ganar ni merecer.

Cuando le decimos a alguien "¿Puede hacerme un favor?", le estamos pidiendo a esa persona que haga por nosotros algo que no hemos ganado ni pagado. Dependemos de que la bondad de ese individuo se manifieste en forma de una bendición, aunque no haya ninguna razón natural para que se dé.

Ester, Daniel y los jóvenes hebreos, Rut y hasta el mismo Jesús recibieron el favor de Dios, que los llevó a ser aceptados en vez de rechazados en situaciones específicas. Ellos pueden haber sido rechazados en algunas áreas, pero fueron aceptados respecto a lo que Dios los había enviado a hacer.

Yo no experimento total aceptación y favor en todos los

lugares a donde voy, y tampoco le ocurre a ningún otro. Pero he experimentado gran favor respecto a la recepción de mi ministerio de enseñanza. He sido invitada a hablar en algunas de las mejores conferencias del mundo actual, junto a hombres y mujeres de Dios a quienes respeto y admiro. Sé que eso es una manifestación del favor de Dios, y lo aprecio.

Ester necesitaba favor con el rey. Fue elegida por Dios para llevar liberación a su pueblo que estaba en peligro. Salió en fe y entró a un lugar que era difícil para ella en lo natural. Dios le dio el favor en el que creía, y ella cumplió el llamado de su vida.

Rut era una moabita, así que no había forma de que fuera aceptada por los hijos de Israel sin el favor de Dios porque los moabitas eran idólatras. Dios le dio ese favor porque ella lo amaba y confiaba en Él. Ella no hizo nada especial para merecerlo, pero su corazón era recto delante de Dios. Debido al favor se casó con Booz, *un hombre muy rico* (Rut 2:1), y de su linaje nació David de quien el propio Jesús fue descendiente.

Creo que podemos ver que el favor es muy valioso y necesario para tener éxito en ser todo lo que Dios desea que seamos. Debemos orar regularmente por el favor sobrenatural y esperar recibirlo. Para ser muy sincera, es sumamente divertido ver que Dios nos favorece en determinadas situaciones.

Sé que usted ha tenido momentos en que recibió favor, y estoy segura de que lo disfrutó mucho. Lo animo a manifestar su fe en esta área de una manera mayor que nunca antes. No tenga temor de pedirle a Dios que le dé favor.

Creo que hay muchas cosas que Dios haría por nosotros, si fuéramos lo suficientemente audaces como para pedir. La audacia en la oración no puede obtenerse sin comprender la misericordia. Todos cometemos errores, y nuestra retribución debería ser el castigo, no el favor. Esa es exactamente la razón por la cual se requiere audacia para ir delante del Señor y pedir primero perdón y luego misericordia. El perdón se encarga de nuestro pecado, y la misericordia nos bendice aunque no lo merezcamos. El perdón es en realidad una manifestación de la misericordia de Dios. Él nos perdona porque es misericordioso y paciente.

¡MISERICORDIA! ¡MISERICORDIA! ¡MISERICORDIA!

Por la misericordia de Jehová no hemos sido consumidos, porque nunca decayeron sus misericordias. Nuevas son cada mañana; grande es tu fidelidad.
Lamentaciones 3:22-23

Con frecuencia digo: "Es bueno que la misericordia de Dios sea nueva cada mañana, ¡porque gasté toda la provisión de ayer!"

Misericordia es otra palabra que está en estrecha relación e incluso es intercambiable hasta cierto grado con *gracia* y *favor*. En el *American Dictionary of the English Language*, (Diccionario estadounidense del idioma inglés), de Noah Webster, de 1828, él define *misericordia* como: "Esa benevolencia, bondad o ternura de corazón, que predispone a una persona a pasar por alto los daños, o a tratar a un infractor mejor de lo que merece; la disposición que atempera la justicia, e induce a una persona damnificada a perdonar ofensas y heridas, y a abstenerse del castigo, o a infligir menos de lo que la ley o la justicia requerirá. En este sentido, tal vez no haya en nuestro idioma palabra que sea exactamente sinónima de *misericordia*. La que más se acerca a ella es *gracia*. Eso implica piedad o compasión, y clemencia, pero ejercida solo hacia los transgresores. La misericordia es un atributo distintivo del Ser Supremo".[2]

No sé usted, pero yo estoy sumamente feliz con la misericordia de Dios. No puedo imaginar dónde estaría hoy si no fuera por ella. Sé con certeza que no estaría en ningún lugar agradable.

Todos merecemos castigo, pero, en cambio, Dios nos da misericordia. ¡Qué asombroso es el Dios a quien servimos! Los salmos están repletos de referencias a su misericordia. El Salmo

107:1 es un ejemplo: *Alabad a Jehová, porque él es bueno; porque para siempre es su misericordia.*

David era un hombre que amaba mucho a Dios, sin embargo, cometió graves errores. Sus pasiones tomaron el dominio sobre él y lo hicieron cometer adulterio y hacer matar a un hombre. Creo que David hablaba tanto de la misericordia de Dios porque la había experimentado de primera mano en su vida y ministerio.

La misericordia de Dios perdona y restaura, y solamente una persona como David que ha sido sincera al evaluarse a sí misma, puede realmente decir: *Alabad a Jehová, porque él es bueno; porque para siempre es su misericordia.*

LA MISERICORDIA Y EL MINISTERIO

> *Y Pablo, escogiendo a Silas, salió encomendado por los hermanos a la gracia del Señor, y pasó por Siria y Cilicia, confirmando a las iglesias.*
> *Hechos 15:40-41*

Es obvio por esta escritura que los creyentes de la Iglesia primitiva sabían que su éxito en el ministerio dependía de la gracia, el favor y la misericordia de Dios. Haríamos bien en recordar ese hecho en nuestros propios ministerios. Hacemos un progreso mucho mayor al depender de su gracia, favor y misericordia de lo que haríamos jamás al depender de nuestras propias buenas obras o esfuerzos para *merecer* su ayuda.

Nuestros ministerios no crecen y prosperan debido a nuestra bondad, sino a la de Dios. Él es todo bondad, mientras que nosotros debemos decir con Pablo en Romanos 7:18: *Y yo sé que en mí, esto es, en mi carne, no mora el bien.*

Como ministros del evangelio de Jesucristo, es imperativo que seamos misericordiosos, pero es imposible que seamos misericordiosos si no descubrimos nuestra propia necesidad de misericordia y no nos habituamos a recibirla del Señor. Son nuestras propias debilidades y fracasos los que nos hacen tener compasión de los débiles y los descarriados.

Estoy segura de que si yo fuera perfecta esperaría que todos los demás también fueran perfectos. Cuando tengo un lapsus de memoria acerca de mis propias faltas, a veces hallo que soy demasiado dura con los demás. En esos momentos, Dios me obliga a recordar mis propias flaquezas una vez más. Él tiene su manera de esconderse en las sombras y dejarnos meter en suficientes problemas como para mantenernos humildes y por lo tanto útiles. Él se queda atrás y permite que nuestras debilidades emerjan para que debamos confiar en Él y no en nosotros.

Como evidencia, por favor considere este pasaje escrito por el gran apóstol Pablo en 2 Corintios:

> *Porque hermanos, no queremos que ignoréis acerca de nuestra tribulación que nos sobrevino en Asia; pues fuimos abrumados sobremanera más allá de nuestras fuerzas, de tal modo que aun perdimos la esperanza de conservar la vida. Pero tuvimos en nosotros mismos sentencia de muerte, para que no confiásemos en nosotros mismos, sino en Dios que resucita a los muertos.*
> *2 Corintios 1:8-9*

Jesús mismo dio instrucciones sobre la importancia de ser misericordiosos, cuando dijo a los líderes religiosos de su tiempo: *Id, pues, y aprended lo que significa: Misericordia quiero, y no sacrificio. Porque no he venido a llamar a justos, sino a pecadores, al arrepentimiento* (Mateo 9:13).

Bajo el Antiguo Pacto, cuando las personas pecaban, tenían que hacer sacrificios para expiar sus pecados. En este pasaje del Evangelio de Mateo, Jesús estaba introduciendo el Nuevo Pacto, que incluye libertad de la necesidad de sacrificar. Jesús se convirtió en el sacrificio perfecto y final para todos los que creerían, y Él ahora nos instruye que recibamos de Él misericordia por nuestros fracasos y demos misericordia a otros que fracasan.

Esto no significa que no hay corrección o castigo por el pecado, sino que Dios siempre trata de atraernos a la rectitud mediante su amor y su misericordia antes de tratarnos con más dureza. Podemos entender mejor este principio cuando pensamos en nuestros propios hijos.

He dicho muchas veces: "Yo primero hablo con mis hijos. Si escuchan, todo está bien. Si no escuchan y se meten en problemas, les mostraré misericordia y les hablaré otra vez, y en ocasiones, una y otra vez. Pero si finalmente no prestan atención a mi palabra, tocaré sus circunstancias". No hago eso porque quiero, sino porque tengo que hacerlo a fin de ayudarlos.

Vale la pena no ser terco. Arrepentirse y recibir la misericordia de Dios es mucho mejor que sufrir su reprensión.

He aprendido a usar este mismo enfoque con nuestros empleados y con otras personas sobre las que tengo autoridad. Siempre primero, y con bastante frecuencia durante un tiempo prolongado, muestro misericordia, pero sé en mi espíritu cuando es el momento de tratar los problemas más severamente.

Algunas personas no pueden apreciar la misericordia de Dios hasta que han experimentado un poco de su ira. Dios nunca está airado contra su pueblo; su ira siempre es contra el pecado que hay en nuestras vidas. Él odia el pecado, y nosotros también debemos aprender a hacerlo.

Como Dios, debemos odiar el pecado, pero amar al pecador.

Usted puede tener un llamado al ministerio a tiempo completo, o puede ser un laico que desea ministrar a otros en su vida cotidiana. Si es así, no puedo enfatizar lo suficiente cuán importante es que aprenda a dar y recibir misericordia. Recuerde, usted no puede dar algo que no tiene.

Si no recibimos la misericordia de Dios por nuestros fracasos, no tendremos nada para dar a los demás cuando fallen y nos decepcionen. No podemos guiar a las personas a relaciones sólidas con el Señor por medio de la dureza, la rigidez y el legalismo. Debemos mostrarles que el Dios al que servimos es misericordioso, paciente y clemente.

Dios es amor, y todas estas cosas de las cuales hablamos son facetas de su amor. Andar en amor es el supremo llamado a la vida de todo creyente. No hay posibilidad alguna de un verdadero ministerio si no andamos en amor.

No puede tener un ministerio poderoso quien no manifiesta el amor de Dios, ni nadie puede poner fe en algo desconocido. La gracia, el favor y la misericordia de Dios estuvieron disponibles para mí toda mi vida, pero no comencé a recibirlos sino hasta que tuve más de cuarenta años de edad. Yo no los podía recibir porque no sabía nada de ellos y ni siquiera creía en ellos.

Oro que este capítulo le haya dado una mejor comprensión de las palabras *recibir, gracia, favor* y *misericordia*. Comprendidas adecuadamente, manifestarán poder en su vida y en su ministerio.

9

CREER Y RECIBIR

9
CREER Y RECIBIR

En cierto sentido la palabra *recibir* es sinónimo de la palabra *creer*. No podemos recibir algo, si no creemos en ello.

...al que cree todo le es posible.

MARCOS 9:23

En el ámbito espiritual, cuando usted y yo creemos algo, lo recibimos en nuestro corazón. Si es necesaria una manifestación física, vendrá después de que hayamos creído, no antes. En el mundo, se nos enseña a creer lo que vemos. En el Reino de Dios, tenemos que aprender a creer primero, y luego veremos manifestado lo que hemos creído (recibido, admitido en nuestro corazón).[1]

Sé por las Escrituras que Dios tiene un buen plan para cada una de nuestras vidas. Comencé a creer eso vehementemente hace varios años, y ahora estoy experimentándolo. El buen plan para mí estuvo disponible todo el tiempo, pero la mayor parte de mi vida no lo creí; por lo tanto, no podía recibirlo.

El Señor está dispuesto a tomar todas las cosas negativas que nos han ocurrido y convertirlas en algo positivo, si solamente creemos.

¡CREER ES RECIBIR! ————————————————

El Espíritu de Jehová el Señor está sobre mí, porque me ungió Jehová; me ha enviado a predicar buenas nuevas a los abatidos, a vendar a los quebrantados de corazón, a publicar libertad a los cautivos, y a los presos apertura de la cárcel;
A proclamar el año de la buena voluntad de Jehová, y el día de venganza del Dios nuestro; a consolar a todos los enlutados;

*A ordenar que a los afligidos de Sion se les dé gloria en lugar
de ceniza, óleo de gozo en lugar de luto, manto de alegría
en lugar del espíritu angustiado; y serán llamados árboles de
justicia, plantío de Jehová, para gloria suya.*
Isaías 61:1-3

A través de los años me he tomado de escrituras como la anterior, así como de otras, y he hallado por experiencia que creer constantemente en la Palabra de Dios terminará por transformar las circunstancias de negativas a positivas. Me han ocurrido muchas cosas negativas, y Satanás las usó para amargar mi actitud hacia la vida y hacia la gente. Estaba atrapada en mi pasado, porque no creía que tuviera un futuro. Tan pronto como creí, fui liberada del pasado y empecé a avanzar hacia lo bueno que Dios tenía en mente para mí. No me llegó todo inmediatamente en forma manifiesta, pero el creer me dio una esperanza renovada que me mantuvo día a día. Lenta pero seguramente empecé a ver los cambios que tenían lugar en mi vida, y cada cambio me animó a creer más.

¡Creer es la clave para recibir de Dios!

No importa lo que le haya sucedido en el pasado, si usted cree, puede recibir el buen futuro que está reservado para usted en Jesucristo, Quien vino para hacer la voluntad de su Padre celestial.

CRISTO EN VOSOTROS, LA ESPERANZA DE GLORIA

*El misterio que había estado oculto desde los siglos y edades,
pero que ahora ha sido manifestado a sus santos, a quienes
Dios quiso dar a conocer las riquezas de la gloria de este
misterio entre los gentiles; que es Cristo en vosotros, la esperanza de gloria.*
Colosenses 1:26-27

Usted y yo solo podemos alcanzar y experimentar la gloria de Dios en nuestras vidas por causa de Cristo en nosotros. Él es nuestra esperanza de ver cosas mejores.

La gloria de Dios es su excelencia manifiesta. Como hijos de Dios, tenemos un derecho comprado con sangre a experimentar lo mejor que Dios ha planeado para nosotros. Satanás combate furiosamente el plan de Dios en cada una de nuestras vidas, y su arma principal es el engaño. Cuando somos engañados, creemos algo que no es verdad. A pesar de que no es verdad, nos parece cierto porque eso es lo que creemos.

Cuando nos miramos a nosotros mismos y nuestra propia capacidad, nos sentimos derrotados, pero el recordar que Cristo está en nosotros es nuestra esperanza de alcanzar la gloria. Eso nos mantiene lo suficientemente animados para avanzar hacia cosas mejores. Nos limitamos cuando nos miramos solamente a nosotros mismos y no vemos a Jesús.

En Juan 11:40 Jesús le dijo a Marta: *¿No te he dicho que si crees, verás la gloria de Dios?* El Señor ha destinado a su Iglesia para la gloria. Él volverá por una Iglesia gloriosa (Efesios 5:27). Podemos ser excelentes personas con excelentes actitudes, excelentes pensamientos y excelentes palabras. La gloria de Dios puede ser manifestada en nosotros y por nosotros, pero solo cuando creemos que eso es posible.

Dios está buscando a alguien que crea y reciba. Comience a esperar más de su gloria en su vida. Él está esperando para manifestar su gloria, ¡a usted y a través de usted!

RECIBIR LA FUERZA DE DIOS

Nadie te podrá hacer frente en todos los días de tu vida; como estuve con Moisés, estaré contigo; no te dejaré, ni te desampararé.
Josué 1:5

A menudo pienso en Josué y la forma en que debe de haberse sentido cuando Dios le dijo que iba tomar el lugar de Moisés y guiar a los israelitas a la Tierra Prometida. Moisés fue un líder asombroso. ¿Quién querría tratar de ponerse en sus zapatos?

Dios le dijo a Josué que iba a tener éxito, no por nada de lo que tenía en la natural, sino porque Él estaba con Josué. Moisés tuvo éxito solamente porque Dios estaba con él. Dios le dijo a Josué que lo mismo sería válido para él si creía. Dios siguió alentando a Josué para que fuera fuerte y confiado, para que tomara coraje y no tuviera miedo. En otras palabras, ¡Él siguió diciéndole que *creyera*!

Dios nos pide a usted y a mí que pongamos nuestra fe en Él y creamos que podemos hacer cualquier cosa que Él nos pida que hagamos. Él es poderoso para defendernos y hacer que estemos firmes. Él nos apoyará y nos guardará del fracaso.

La fuerza de Dios está prontamente disponible para nosotros. La recibimos al creer que es así, y la promesa que Dios ha hecho de dárnosla. Si creemos que somos débiles, solo manifestaremos debilidad, pero la Biblia dice: *diga el débil: Fuerte soy* (Joel 3:10). Cuando podamos decir que somos fuertes con convicción de corazón, aunque seamos débiles en nosotros mismos, el Señor será fuerte en nosotros: ¡experimentaremos la victoria en nuestras vidas!

¡SE SUPONE QUE LOS CREYENTES CREEN! ————————

> *Todo lo puedo en Cristo que me fortalece.*
> *Filipenses 4:13*

Me encanta Filipenses 4:13. Me ha animado muchas veces en mi vida. He aprendido a creer que estoy lista para cualquier cosa que venga a mi camino por medio de Cristo, que me da la fuerza cuando la necesito.

El hecho de que no nos *sintamos fuertes* cuando pensamos en una situación, no significa que no vamos a *ser fuertes* cuando tengamos que serlo. La fuerza de Dios viene a nosotros por su gracia, por medio de nuestra fe, pero rara vez nos da la fuerza que necesitamos antes de que realmente la necesitemos. De esta manera debemos confiar en Él, lo cual es nuestra parte. Dios nos pide que confiemos en Él, y al hacerlo, Él hace la parte que nosotros no podemos.

Cuando nos despertamos cualquier mañana, no sabemos a ciencia cierta lo que puede sucedernos ese día. Todos esperamos días fáciles en los que todos nuestros deseos se cumplan; sin embargo, sabemos por experiencia que no siempre sucede así. Vivimos en un mundo real, con problemas reales. Nuestro enemigo, el diablo, es real, y está obrando a través de todos los que sea posible para traernos desánimo, temor y fracaso porque nosotros le pertenecemos a Dios y ponemos nuestra confianza en Él.

DIOS ES NUESTRO REFUGIO Y NUESTRA FORTALEZA

> *Diré yo a Jehová: Esperanza mía, y castillo mío;*
> *Mi Dios, en quien confiaré*
> *No temerás el terror nocturno,*
> *Ni saeta que vuele de día,*
> *Ni pestilencia que ande en oscuridad,*
> *Ni mortandad que en medio del día destruya.*
> *Salmo 91:2, 5, 6*

El Salmo 91 nos enseña que por confiar en Dios no tenemos que tener temor de las sorpresas del diablo que nos acecha. Sin importar lo que pueda venir a nuestro camino, debemos *creer ya mismo* que cuando llegue seremos capaces. Si confiamos en Dios, Él nos hará fuertes, y no seremos derrotados.

Es necesario que recordemos que estamos listos para cualquier cosa, a la altura de cualquier cosa, por medio de Cristo, Quien nos infunde fuerza interior. La fuerza interior es en realidad más valiosa que la fuerza exterior; tenemos que afirmarnos en el interior y rehusar creer las mentiras de Satanás.

Pablo oró por la iglesia de Éfeso para que fueran fortalecidos con toda fuerza y poder en el hombre interior. (Efesios 3:16.) Él sabía que si permanecían interiormente fuertes, serían capaces de manejar cualquier cosa que viniera contra ellos exteriormente y podrían hacer lo que fuera necesario hacer.

ESPERAR EN EL SEÑOR

Pero los que esperan a Jehová tendrán nuevas fuerzas;
levantarán alas como las águilas; correrán, y no se cansarán;
caminarán, y no se fatigarán.
Isaías 40:31

Isaías nos enseña a esperar en el Señor cuando sabemos que nuestra fuerza necesita ser renovada. Esperar en Dios significa pasar tiempo con Él en su Palabra y en su presencia.

Hay ciertas personas de las que podemos obtener fuerza por solo estar cerca de ellas. Su sola presencia, la forma de hablar y de ver la vida, parece hacernos sentir mejor cuando estamos desanimados o nos sentimos apenados de alguna manera. Del mismo modo, hay otros que siempre pueden hacernos sentir peor. Tienen una manera de poner un borde negativo en todo.

Cuando usted y yo necesitamos ser fortalecidos, debemos pasar tiempo con Dios y con personas llenas de su Espíritu. Pasar tiempo en la presencia de Dios es como sentarse en una habitación llena de dulce perfume. Si nos sentamos allí el tiempo suficiente, llevamos la fragancia con nosotros cuando nos vamos. Estará en nuestra ropa, en el cabello e incluso en nuestra propia piel.

Moisés era un hombre de oración; pasaba muchísimo tiempo en comunión con Dios y hablando con Él. Sabía que si Dios no lo ayudaba, fracasaría miserablemente. Debido a la fidelidad de Moisés en buscar a Dios, le fue dado un mensaje que le dio seguridad: *Y el Señor dijo: Mi presencia irá contigo, y te daré descanso* (Éxodo 33:14).

Moisés tuvo que enfrentarse a muchos enemigos hostiles, además de tratar de conducir al pueblo de Dios a través del desierto a la Tierra Prometida. No podemos siquiera imaginar la magnitud de la tarea en cuestión. Había millones de israelitas; ellos murmuraban, se quejaban y criticaban a Moisés la mayor parte del tiempo. Esta era una situación ideal para que

Moisés perdiera su paz; sin embargo, Dios le dijo: "Mi presencia irá contigo, y te daré descanso". Moisés le creyó a Dios, y por lo tanto recibió la promesa de Dios. Estoy segura de que hubo momentos en que su fe fue puesta a prueba, momentos en los que no se veía ni se sentía como si Dios estuviera con él.

Según Hebreos 11:1, la fe es la certeza de lo que se espera, pero no se ve; la convicción de su realidad. Todavía es absolutamente increíble para mí lo rápido que mi actitud puede cambiar de negativa a positiva, simplemente por un ajuste en lo que estoy creyendo.

Podemos recibir de Satanás al creer lo que él dice, o podemos recibir de Dios al creer su Palabra. Todos creemos en algo; podría ser incluso algo bueno.

Recuerde siempre que *¡creer no cuesta nada!* Pruébelo; encontrará que su vida cambiará de manera asombrosa.

¿NECESITA UN CHEQUEO DE LA CABEZA? ————————

> *Bienaventurado el hombre que tiene en ti sus fuerzas,*
> *En cuyo corazón están tus caminos.*
> *Atravesando el valle de lágrimas lo cambian en fuente,*
> *Cuando la lluvia llena los estanques.*
> *Irán de poder en poder;*
> *Verán a Dios en Sion.*
> *Salmo 84:5-7*

Cuando nuestra fuerza está en Dios, hasta los lugares difíciles de la vida pueden convertirse en bendiciones. Es por eso que constantemente tenemos que mantener nuestras mentes y corazones centrados en Él y no en nuestras circunstancias.

Es sabio hacer de vez en cuando un inventario de nuestra vida de pensamiento. Puede ser que hayamos perdido nuestro gozo y no podamos darnos cuenta de por qué.

He descubierto que cuando estoy descontenta tengo la tentación de empezar a culpar de mi infelicidad a alguna circunstancia de mi vida o a alguna persona que no me está dando lo que siento que necesito. Ese tipo de pensamiento equivocado puede hacer que demos vuelta alrededor de la misma montaña una y otra vez, sin poder avanzar para disfrutar las promesas de Dios (Deuteronomio 2:3).

La mayor parte del tiempo cuando estoy descontenta, es debido a algún pensamiento equivocado de mi parte. Aun cuando tenga circunstancias negativas, puedo mantenerme feliz si tengo pensamientos correctos hacia ellas. Si las personas no me dan lo que necesito, puedo enojarme con ellas o puedo buscar que Dios satisfaga mis necesidades.

Satanás quiere que *pensemos* que nada va a cambiar, que las cosas solo van a empeorar. Quiere que hagamos un inventario de cada cosa decepcionante que nos haya sucedido alguna vez en nuestras vidas y que *pensemos* en cuán maltratados hemos sido. Nunca cumpliremos efectivamente nuestro destino ni tendremos éxito en ser todo lo que Dios ha planeado para nosotros si no pensamos apropiadamente.

No piense de acuerdo al pasado; piense de acuerdo a la Palabra de Dios.

Lo que usted cree determina si recibirá o no la manifestación de la plenitud en su vida.

Demasiadas personas dan testimonio de vacuidad y sequedad en sus vidas.

Dios tiene satisfacción, plenitud y completud en mente para nosotros. Yo nunca me sentí satisfecha o completa en mi vida hasta hice lo que Dios había dispuesto que yo que hiciera. La plenitud solo viene por estar en el centro de la voluntad de Dios. Si usted y yo no entramos en un acuerdo con Dios al creer lo correcto, nunca vamos a hacer ningún progreso hacia el cumplimiento final de nuestros destinos.

¡USTED DEBE TENER UN SUEÑO! ————————————

*Donde no hay visión, el pueblo se extravía; ¡dichosos los que
son obedientes a la ley!*
Proverbios 29:18, NVI

Los que tienen un pasado triste deben ser capaces de creer en
un futuro brillante. El escritor de Proverbios dice que donde no
hay visión, el pueblo se extravía.

Una visión es algo que vemos en nuestra mente, "una imagen
mental" como dice una definición. Puede ser algo que Dios
siembra en nosotros sobrenaturalmente o algo que vemos a propósito. Implica la manera en que pensamos acerca de nosotros
mismos, de nuestro pasado y de nuestro futuro. Recuerde lo
que dije antes: *creer no cuesta nada.*

Algunas personas tienen miedo de creer. Piensan que pueden
estar preparándose para la decepción. No se dan cuenta de que
estarán decepcionados perpetuamente si no creen.

Siento que si creo que recibiré mucho, aunque obtenga la
mitad, estaré mejor que si creo que no recibiré nada, y lo único
que obtengo es nada.

Lo desafío a empezar a creer en cosas buenas. Crea que por
medio de Cristo puede hacer cualquier cosa que le sea necesario
hacer en la vida. No tenga una actitud de "renuncia fácil". Deje
que su fe se eleve. Sea creativo con sus pensamientos. Haga
un inventario: ¿Qué ha estado creyendo últimamente? Una respuesta sincera puede ayudarle a entender por qué no ha estado
recibiendo lo que ha querido recibir.

10

DE PIE POR DENTRO

10

DE PIE POR DENTRO

He peleado la buena batalla, he acabado la carrera, he guardado la fe

2 Timoteo 4:7

Una vez oí la historia de un pequeño que estaba en la iglesia con su madre y que insistía en ponerse de pie en el momento incorrecto. Su madre le decía una y otra vez que se sentara, hasta que finalmente se puso muy firme con él y le dijo enfáticamente: "¡Siéntate ahora, o estarás en graves problemas cuando regresemos a casa!". El pequeño la miró y le dijo: "Me voy a sentar, pero por dentro seguiré estando de pie".

Parecería que en la vida siempre hay alguien que quiere hacernos sentar. Nos dicen que no hagamos olas, que no nos hagamos oír y que no llamemos la atención. Quieren que nos limitemos a seguir el programa que otros ya han diseñado y se olvidan de lo que nosotros deseamos personalmente.

A lo largo de los años, muchas personas han tratado de frenarme para que no logre mi llamado en la vida. Hubo quienes no entendieron lo que yo estaba haciendo ni por qué lo estaba haciendo, así que me juzgaron equivocadamente. En ocasiones sus críticas y juicios me hicieron "sentar" y olvidarme de la visión que había recibido de Dios. Otros se avergonzaban de tener una amiga o familiar "predicadora"; querían que me "sentara" para que su reputación no se viera perjudicada. Muchos me rechazaron, y el dolor de su rechazo me tentó a "sentarme" y seguir calladamente la corriente.

Pero yo tenía un Dios grande que estaba de pie dentro de mí, y "sentarme" no era una opción. Él me hizo ponerme en pie por dentro y determinarme a ir hacia delante sin importar lo que otros pensaran, dijeran o hicieran. No siempre fue fácil, pero aprendí por experiencia que sentirme frustrada o insatisfecha por estar fuera de la voluntad de Dios es más difícil que abrirse paso en medio de toda la oposición.

Estar de pie por dentro no es ser rebelde ni tener una actitud agresiva hacia los que no nos entienden. Significa tener una tranquila confianza interior que nos lleve hasta la línea de llegada. Es saber interiormente que a pesar de lo que esté sucediendo alrededor, todo va a estar bien porque Dios está en la escena, y cuando Él está presente nada es imposible.

Para que podamos tener éxito en aceptarnos a nosotros mismos, debemos ser fieles a Dios hasta el fin. Nunca debemos entregarnos ni claudicar.

Creo que probablemente haya muy pocas personas que tengan éxito total en aceptar todo lo que pueden ser. La oposición es demasiado grande. Es fácil ser derrotado. Sin embargo, ¡los que se determinen a permanecer de pie por dentro sin importar lo que suceda, cruzarán la línea de llegada! Serán capaces de decir con Jesús: "Yo te he glorificado en la tierra; he acabado la obra que me diste que hiciese. Ahora pues, Padre, glorifícame tú al lado tuyo" (Juan 17:4-5).

DOS COSAS QUE INTERRUMPEN LA FE ─────────────

> ...*pero Cristo* fue fiel *como Hijo sobre la casa de Dios, cuya casa somos nosotros,* si *retenemos firme hasta el fin nuestra confianza y la gloria de nuestra esperanza.*
> *Hebreos 3:6,* LBLA

Enfatizo la palabra *si* en este pasaje porque no suele gustarnos prestar atención a los si y pero de la Biblia. En escrituras como esta, vemos lo que Dios va a hacer *si* nosotros hacemos lo que se espera que hagamos.

Usted y yo tenemos el maravilloso privilegio de ser miembros de la casa de nuestro Padre, *si* permanecemos firmes en la fe hasta el fin. Ir hasta el altar y hacer la oración del pecador solo es el comienzo de nuestro andar con Él; debemos seguirlo y permanecer en fe: ¡debemos seguir confiando en Él!

Confianza y fe son virtualmente sinónimas; a veces pueden ser intercambiadas sin perder el contexto de lo que se está diciendo. Podría darle una larga y elaborada definición de fe, pero basta con decir que la fe es confianza en Dios. En palabras simples, la fe es saber que si Dios dijo que hará algo, lo hará. Aunque no parezca que vaya a hacerlo ya mismo, lo hará a su tiempo, *si* nosotros nos mantenemos confiando en Él.

Las dos únicas cosas que pueden interrumpir la fe son: 1) la manifestación de lo que se cree o 2) la manifestación de la duda y el descreimiento. Una vez que recibimos la manifestación de lo que hemos estado creyendo, ya no necesitamos más fe, así que ella se acaba. Del mismo modo, la manifestación de la duda y el descreimiento —es decir, recibir las mentiras de Satánas y creer en ellas— interrumpe nuestra fe, y esta cesa de existir.

Es por eso que nuestra fe debe continuar, aunque parezca que todo y todos están contra nosotros. En Cristo, podemos permanecer firmes y de pie por dentro porque sabemos que nuestra verdadera vida no está dentro de nosotros, ni en las personas o circunstancias que nos rodean.

PONGA SU CONFIANZA EN DIOS, NO EN LA CARNE ―――――――

> *Porque nosotros somos la circuncisión, los que en espíritu servimos a Dios y nos gloriamos en Cristo Jesús, no teniendo confianza en la carne.*
> *Filipenses 3:3*

La confianza en Dios es algo completamente diferente de la autoconfianza. Como ya mencioné, nosotros, los creyentes, no debemos poner nuestra confianza en la carne. En mi ministerio, trabajo para destruir la autoconfianza de las personas y llevarlas a un punto en que su confianza esté en Cristo y solo en Él. Dios se opone a nuestra actitud independiente, y tratará persistentemente con nosotros hasta que desaparezca.

Deberíamos tener un sentido de triunfo interior, pero solo puede estar fundado en Cristo.

Triunfo en Cristo

Mas a Dios gracias, el cual nos lleva siempre en triunfo [como trofeos de la victoria de Cristo] en Cristo Jesús, y por medio de nosotros manifiesta en todo lugar el olor de su conocimiento.
2 Corintios 2:14, corchetes añadidos por la autora

Como vimos en el capítulo 5, de acuerdo con Romanos 8:37 somos más que vencedores cuando sabemos que tenemos la victoria aun antes de que comiencen los problemas. Esta clase de confianza está en una seguridad interior, no en nosotros mismos, sino en el Dios que mora en nosotros.

Mi esposo Dave no es un hombre que tema a las circunstancias. No lo amedrentan ni le hacen cambiar de postura. Él tiene la sosegada confianza en que, suceda lo que suceda, Dios se ocupará de ello *si* nosotros mantenemos nuestra confianza en Él. Dave definitivamente se mueve con este sentido de triunfo interior, una actitud de alguien que es más que un vencedor. Él definitivamente es un hombre que se mantiene de pie por dentro sin importar lo que se le oponga por fuera.

A lo largo de los años, lo he observado en muchas situaciones diferentes y sigue confiando y sabiendo que a los que aman a Dios, todas las cosas les ayudan a bien, esto es, a los que conforme a su propósito son llamados (vea Romanos 8:28). Cuando él trata de hacer algo y no funciona, cuando alguien lo rechaza, cuando lo juzgan o critican nuestro ministerio, cuando estamos con alguna necesidad financiera, o incluso cuando él y yo estamos luchando en nuestra relación personal, él siempre mantiene esa tranquila confianza en que al final todas las cosas obrarán para bien.

Recientemente hablé con una amiga que había pasado gran parte de su vida preocupada por sus dos hijos. Uno se casó hace algunos años y tiene una vida fabulosa, y la otra tiene programado casarse pronto con un hombre maravilloso. Le mencioné cuánto tiempo malgastamos preocupándonos por nuestros hijos, y cómo en realidad eso es un desperdicio de energía. Me he dado cuenta de que generalmente las cosas al final salen bien y que preocuparnos solo contribuye al problema; no provee la solución.

En mi vida anterior, a mí me pasaba lo mismo que a esta mamá. Me preocupaban ciertos temas de cada uno de mis hijos cuando eran más jóvenes. Ahora crecieron, y todas aquellas cosas que me preocupaban se solucionaron.

Como ya he explicado, me preocupaba por mi hija mayor, Laura, porque no le gustaba la escuela y sacaba notas mediocres. Era una adolescente indisciplinada; vea indisciplinada con sus objetos personales y con su dinero. Quería casarse joven y tener hijos, y yo sentía que ella ni siquiera se cuidaba a sí misma, ni que hablar de estar preparada para tener una familia. Cuando se casó a los diecinueve años, yo la había regañado tanto que nuestra relación distaba mucho de ser buena. Dave me había dicho una y otra vez: "Joyce, a Laura le irá bien. Ella lo logrará".

Ahora Laura está en su tercera década y está tan bien organizada que me ayuda a organizarme a mí. Su matrimonio es maravilloso, tiene dos hijos preciosos y todo está bien. Pasó por tiempos difíciles aprendiendo algunas lecciones que le eran necesarias después que se fue de casa, pero aprender de la manera más dura muchas veces es lo mejor: generalmente no olvidamos lo que aprendemos por experiencia.

Mientras yo me estaba desmoronando interiormente, Dave estaba de pie por dentro y se negaba a permitir que lo gobernaran las circunstancias. Creo que somos más que vencedores cuando no tememos a los problemas. Ninguno de nosotros está completamente libre de problemas: si nos dejamos doblegar por el miedo siempre encontraremos algo a qué temer.

SALIR Y APRENDER

> *...Boga mar adentro, y echad vuestras redes para pescar.*
> *Lucas 5:4*

La única manera de alcanzar nuestro destino final y tener éxito en aceptarnos a nosotros mismos es dar muchos, muchos pasos de fe. Exponernos a lo desconocido —a algo que nunca habíamos hecho antes— que puede hacernos temblar.

Por miedo, muchas personas nunca "salen" y por consiguiente nunca "averiguan" de qué serían capaces.

Creo que estamos muy cerca del momento en que Jesús regresará por su Iglesia, y no me parece que tenga tiempo para pasarse meses y meses convenciéndonos a cada uno de que seamos obedientes, cuando lo que Él quiere es que salgamos a hacer algo. Creo que cuanto más avancemos en lo que llamamos "los últimos días", Dios nos demandará más pasos radicales de obediencia.

Mucha gente está perdiendo la voluntad de Dios para sus vidas porque va "a lo seguro". No quiero llegar al final de mi vida y decir: "Fui a lo seguro, pero lo lamento".

El mundo tiene un dicho: "Mejor prevenir que curar". No estoy segura de que eso funcione siempre en la economía de Dios. Si yo siempre hubiese tratado de ir a lo seguro, creo que no estaría donde estoy ahora. Jamás habría cultivado en mi vida las semillas de obediencia que han producido la cosecha que disfruto ahora en mi ministerio y en muchas otras áreas.

No estoy sugiriendo que a partir de ahora comencemos a hacer toda clase de cosas tontas e insensatas, pero sé con seguridad que no todo lo que Dios quiere que hagamos tiene sentido para la mente natural. Usted y yo debemos aprender a dejarnos guiar por el discernimiento del hombre interior (el espíritu) y no por nuestras mentes carnales, ni por lo que otros nos sugieren. Cuando nos arriesgamos, debemos hacer todo lo que esté a nuestro alcance para asegurarnos de que es a la voz de Dios que estamos respondiendo en fe y obediencia y no a algún pensamiento alocado colocado por Satanás para tratar de llevarnos a la destrucción.

Dave y yo nos hemos dado cuenta de que la mejor política es dar "un paso a la vez". Cuando tenemos algo en nuestros corazones, oramos por algún tiempo y luego esperamos por algún tiempo. Si aquello sigue estando en nuestros corazones, damos un paso. Si funciona y vemos que Dios lo está ungiendo, entonces damos otro paso.

Las personas que se meten en problemas graves generalmente no lo hacen de un solo gran salto; normalmente es el resultado de muchos pasos equivocados. Dios les ha hecho advertencias a lo largo del camino y ha intentado mantenerlos alejados de los problemas, pero ellos se han aferrado a la carne (siguiendo sus propios deseos carnales), tratando de hacer lo que ellos quieren que sea la voluntad de Dios.

Este es un buen ejemplo de la manera correcta de moverse en fe. Cuando Dave y yo creímos que Dios nos estaba diciendo que saliéramos en televisión, no hicimos contratos con cuatrocientas estaciones desde el comienzo. Primero, nos pusimos en contacto con nuestros socios y les pedimos que invirtieran en el equipo que necesitábamos, *si* ellos sentían que Dios los guiaba a hacerlo. Sabíamos que si Dios en verdad nos estaba diciendo que fuéramos a la televisión, también les diría a los demás que nos ayudaran a lograrlo.

Cuando entró todo el dinero que necesitábamos, dimos otro paso. Fuimos a un puñado de estaciones y nos volvimos a reunir con nuestros socios en el ministerio, y les volvimos a pedir que se comprometieran con una cierta cantidad de dinero que nos permitiera pagar tiempo de aire por algunos meses hasta que nuestro programa se fuera estableciendo. Una vez más, ellos respondieron con lo que necesitábamos, así que seguimos adelante.

A lo largo de los años agregamos estaciones a medida que pudimos pagar las que ya estaban funcionando. No hubiéramos seguido agregando estaciones si las que ya estaban al aire no hubieran podido solventarse por sí mismas.

En cuanto a este libro, tengo treinta y tres libros publicados. Si hubiera escrito solo uno o dos y no hubiera vendido ninguno no habría seguido escribiendo.

Algunas personas se meten en problemas solo porque no pueden admitir que han cometido un error y encontrar una nueva dirección. Es muy difícil meterse en problemas serios dando un paso a la vez. Pero los que no se atreven ya están en serios problemas porque nunca lograrán nada en la vida.

Otro factor de seguridad que consideramos es tener la certeza de que nuestros corazones estén en lo correcto en cuanto a lo que estemos haciendo. Debemos estar seguros de que nuestra motivación sea pura y que lo estemos haciendo solo porque creemos que es la voluntad de Dios.

Algunas personas se meten en problemas porque hacen lo que otra gente considera que deberían hacer. Otros hacen cosas para llamar la atención o para imitar a los demás.

Muchos ministros salieron por televisión bastante antes que yo. De hecho, recuerdo que mucha gente me decía: "¿Por qué no estás en televisión, Joyce?" o "Joyce, ¿no quieres estar en televisión?". Para ser honesta, yo no quería estar en la televisión. No quería tener esa responsabilidad financiera. Tenía un ministerio radial muy exitoso, y quería quedarme en la "zona de confort". Pero cuando Dios dijo: "Quiero que vayas a la televisión", también llenó mi corazón con ese deseo.

Otras personas pueden querer cosas para nosotros, pero nosotros mismos debemos quererlas o no soportaremos la presión de las dificultades que surgen al dar a luz un nuevo proyecto.

Quería estar segura de que mi motivación fuera la correcta

para salir en televisión. Dios no está buscando gente que quiera convertirse en estrella: busca gente que quiera ayudar a otros. Siempre es bueno tomar algún tiempo para examinar nuestras motivaciones. Ser honestos con nosotros mismos puede salvarnos de muchos fracasos.

Recientemente nos alentaron a promocionar nuestras conferencias de una manera más amplia. Aunque es cierto que la gente no irá si no sabe que estamos allí, también es verdad que podríamos desperdiciar mucho dinero haciendo cosas a la manera del mundo, que no necesariamente funcionarán en el Reino de Dios.

¡Dios tiene sus propios métodos!

Algunas de las cosas que se nos sugirieron sonaban muy bien, y otras no tanto. No creo que sea mi trabajo "venderme a mí misma". Mi trabajo es obedecer a Dios, amar a las personas, estar donde creo que el Señor quiere que yo esté y, después de haber hecho mi parte de anunciarlo apropiadamente, confiar en que Él le dirá a la gente que venga. No sentía que pudiera llegar a hacer, con las motivaciones correctas, algunas de las cosas que la gente me sugería que hiciera, así que decidí ni siquiera intentarlo. Creo que Dios honrará esa decisión y nos dará el crecimiento que deseamos.

LA OBEDIENCIA RADICAL FRECUENTEMENTE DEMANDA SACRIFICIO

> ...*De cierto os digo que no hay ninguno que haya dejado casa, o hermanos, o hermanas, o padre, o madre, o mujer, o hijos, o tierras, por causa de mí y del evangelio, que no reciba cien veces más ahora en este tiempo; casas, hermanos, hermanas, madres, hijos, y tierras, con persecuciones; y en el siglo venidero la vida eterna.*
> *Marcos 10:29-30*

Life In The World mantiene una oficina en Australia, y necesitábamos que dos parejas de nuestro ministerio fueran allí y dirigieran esa sucursal. Para hacerlo, esas parejas básicamente tenían que abandonar todo lo que tenían y volver a empezar. Hubiera sido demasiado caro tener que transportar todas sus pertenencias personales a semejante distancia.

Dos parejas dieron el paso de obediencia cuando sintieron que Dios les habló a sus corazones y les dijo que eran ellos quienes debían ir. Ellos se atrevieron, pero para hacerlo tuvieron que hacer inmensos sacrificios personales. Tuvieron que vender sus autos y sus muebles, dejar atrás familias y amigos y separarse de las iglesias en las que estaban profundamente arraigados. Tuvieron que dejar todo y a todos los que amaban para obedecer a Dios y mudarse a un lugar muy distante. Obviamente, a pesar de su amor a Dios y su deseo de cumplir su voluntad, fue una transición difícil.

Cuando vamos a un lugar nuevo, siempre sufrimos soledad, un sentimiento de que todos y todo lo que nos rodea nos resulta extraño. No nos sentimos cómodos ni "en casa". Pero esa clase de obediencia radical paga grandes dividendos en felicidad personal y la satisfacción que viene de saber que estamos en la voluntad de Dios, y en las bendiciones materiales que Dios provee para nosotros de acuerdo con las promesas que encontramos en su Palabra.

LOS JUSTOS SUFRIRÁN PERSECUCIÓN

Y también todos los que quieren vivir piadosamente en Cristo Jesús padecerán persecución.
2 Timoteo 3:12

La Palabra de Dios nos dice que habrá persecución. En el *Vine Diccionario Expositivo de Palabras del Antiguo y del Nuevo Testamento Exhaustivo*, la palabra griega traducida como *perseguir* es parcialmente definida como: "enfrentar y poner en fuga" o "ahuyentar".[1] Satanás trae oposición, problemas, pruebas y tribulaciones con la esperanza de hacernos huir. Si tenemos la intención de tener éxito en aceptarnos a nosotros mismos y ser todo lo que Dios quiere que seamos, deberíamos estar preparados para mantenernos firmes en tiempos de persecución.

Si permanecemos de pie por dentro, Dios se encargará de lo de afuera.

La Iglesia Carismática no se ha sentido muy cómoda con la palabra *sacrificio*, pero está en la Biblia. En Marcos 8:34 Jesús dijo, en esencia: "Si quieres seguirme, tendrás que dejar tu propia vida".

LOS REQUISITOS Y LAS RECOMPENSAS DEL SACRIFICIO ──────

> *Un día el Señor le dijo a Abram: "Deja tu tierra, tus parientes y la casa de tu padre, para ir a la tierra que yo te voy a mostrar.*
> *Con tus descendientes voy a formar una gran nación; voy a bendecirte y hacerte famoso, y serás una bendición para otros.*
> *Génesis 12:1-2*, DHH

Vimos que Abram (luego renombrado Abraham) tuvo que hacer un sacrificio cuando Dios le dijo que dejara la casa de su padre y se fuera a un lugar que más adelante le mostraría. Dios demandó una obediencia radical de parte de Abram, pero también le hizo una promesa radical.

Cuando pensamos en el sacrificio, siempre debemos recordar que cuando sembramos una semilla, Dios la usa para traer una cosecha. Cuando se nos llama a hacer un sacrificio, no deberíamos sentirnos desfavorecidos, sino privilegiados. Jesús sacrificó su propia vida por nosotros, y debemos seguir sus pisadas. (1 Pedro 2:21).

No tenemos por qué estar cómodos todo el tiempo. En los Estados Unidos y en otras partes del mundo, el pueblo de Dios es adicto a la "comodidad y facilidad". Es hora de que nos sacudamos y veamos la realidad y comencemos a hacer lo que Él nos pide que hagamos, sin importar cuál sea el costo.

No podemos esperar una cosecha radical en nuestras vidas

si sembramos semillas de desobediencia. Fiel a la promesa de Dios, Abraham pasó a ser padre de muchas naciones y padre del Viejo Pacto. Teniendo en cuenta la cantidad de gente que había sobre la tierra en ese momento, yo diría que fue un gran honor para Abraham.

Hay en la Biblia algunos ejemplos bastante radicales de cosas que hizo el pueblo para obedecer a Dios. Fue radical que Ester dejara los planes que tenía para su vida y arriesgara todo para presentarse ante el rey sin haber sido citada. Su motivación era correcta, y lo hizo en obediencia; por lo tanto, Dios le dio su favor, y ella jugó un rol decisivo en salvar a su nación del desastre.

Fue radical que Daniel siguiera orando tres veces al día con las ventanas abiertas después de haber sido advertido de que si lo hacía lo arrojarían al foso de los leones. Él dio un paso radical de obediencia y acabó sobreviviendo a tres reyes, todos los cuales lo promovieron.

Fue radical que el apóstol Pablo volviera entre la misma gente a la que había perseguido y le predicara el evangelio. ¿Qué hubiera pasado si ellos lo atacaban? Se convirtió en un esclavo encadenado a Jesucristo y en sus propias palabra, *preso suyo.* (2 Timoteo 1:8). A Pablo le fueron dados aproximadamente dos tercios del Nuevo Testamento por revelación directa de Dios. Vemos cómo Dios honra sus pasos de obediencia radical y sacrificio personal. Cuando Dios lo llamó, él era un fariseo muy respetado que disfrutaba de prestigio y comodidad personal. Sus pasos de obediencia lo dejaron con frecuencia hambriento, perseguido, con frío, golpeado y encarcelado, pero él conocía el secreto de estar de pie por dentro, y su tranquila confianza en Dios lo llevó hasta el fin de su travesía.

Pablo hizo una formidable afirmación cuando dijo: *Pero de ninguna cosa hago caso, ni estimo preciosa mi vida para mí mismo, con tal que acabe mi carrera con gozo* (Hechos 20:24).

Ese también debe ser nuestro testimonio, como se nos dice en la Palabra de Dios.

TERMINE LO QUE COMIENCE

Porque somos hechos participantes de Cristo, con tal que retengamos firme hasta el fin nuestra confianza del principio...
Hebreos 3:14

No perdáis, pues, vuestra confianza, que tiene grande galardón.
Hebreos 10:35

Pero deseamos que cada uno de vosotros muestre la misma solicitud hasta el fin, para plena certeza de la esperanza.
Hebreos 6:11

Se debería meditar sobre todos los textos recién citados y tomarlos muy en serio. A Dios no le interesa que comencemos cosas que nunca terminaremos. Es fácil comenzar, pero terminar requiere gran coraje. En el comienzo de algo nuevo, todos nos entusiasmamos mucho. Tenemos muchas emociones (propias y de otros) en qué apoyarnos. Cuando esas emociones se disipan y lo único que queda es mucho trabajo arduo y la necesidad de extrema paciencia, nos damos cuenta de quién tiene realmente lo que se necesita para lograr un verdadero éxito.

En la mente de Dios nunca somos exitosos si nos detenemos en algún lugar del camino. Él quiere que acabemos nuestro recorrido ¡y que lo hagamos con gozo!

Si usted recientemente se ha visto tentado a abandonar, ¡no lo haga! Si no termina aquello en lo que ahora está involucrado, enfrentará los mismos desafíos en lo que emprenda a continuación.

Algunas personas pasan toda su vida comenzando cosas que nunca terminan. Tomemos la decisión de ser más que una estadística que nunca alcanza su pleno potencial.

Podemos comenzar en fe, pero debemos vivir por fe y para fe (Romanos 1:17). En otras palabras, en el camino hay muchas mesetas que demandan cada una más fe que la anterior. Dios siempre nos lleva cuesta arriba, ¡nunca hacia atrás y nunca hacia abajo! Siempre nos impulsa a cosas superiores. Debemos abandonar la vida inferior e impulsarnos hacia lugares más altos. Debemos vivir de fe en fe, no de fe en duda, en descreimiento y de nuevo un poquito de fe.

DE FE EN FE, DE GLORIA EN GLORIA ─────────────

Mas el justo vivirá por fe;
Y si retrocediere, no agradará a mi alma.
Hebreos 10:38

Si usted y yo queremos avanzar hacia nuevos niveles de gloria, debemos hacerlo avanzando hacia nuevos niveles de fe. Si recuerda que la fe es confianza en Dios, podemos decir que necesitamos avanzar hacia nuevos niveles de confianza. Deberíamos estar confiados en cada área de nuestra vida.

Dios ha tratado conmigo sobre ser confiada respecto a mi don de enseñanza. En el púlpito siempre me recuerda que confíe y que tenga cuidado con los pensamientos de inseguridad que a veces tratan de entrar en mi mente incluso mientras estoy predicando. Debo bajar del púlpito con la seguridad de lo que tengo que hacer a continuación. Debo estar segura en las relaciones, segura en la oración, segura cuando conduzco mi auto, segura cuando tomo decisiones, segura en cada aspecto de mi vida cotidiana y mi ministerio.

Dios me dijo que no pase una hora en oración y luego me vaya pensando que no oré lo suficiente o sobre las cosas correctas. Él me ha mostrado que debo hacer las cosas con confianza y permanecer segura después que las haya acabado.

A menudo hice cosas que me hicieron sentir bien, hasta que Satanás comenzó a acusarme después de terminarlas.

Finalmente me di cuenta de que si hubiera estado haciendo algo malo, Dios me lo habría dicho antes, no después de haberlo terminado, cuando ya no podía hacer nada al respecto.

Debemos ser audaces y declarar: "Creo que escucho a Dios. Creo que soy guiado por su Espíritu. Creo que tomo buenas decisiones. Creo que tengo una poderosa vida de oración. Creo que le agrado a la gente, y Dios me da favor".

Esta clase de audacia no significa que nunca cometamos errores. Cometer un error no es el fin del mundo mientras seamos enseñables. Hacemos demasiado hincapié en lo negativo y no suficiente en lo positivo.

Estoy segura de que cometo errores, que no oigo a Dios de manera perfecta. Dios me dijo hace mucho tiempo: "Joyce, no te preocupes por eso; si te olvidas de mí, yo te encontraré".

En lugar de preocuparnos por lo que podamos hacer mal, deberíamos permanecer de pie por dentro, esforzándonos hacia delante, tratando de hacer las cosas bien. Podemos tener tanto miedo de cometer un error que terminemos no haciendo nada.

La Biblia dice que el justo vivirá por la fe, o por la confianza. Intercambiaremos estas palabras para que el mensaje sea más práctico. A veces la fe parece tan espiritual que no podemos ver con exactitud cómo aplicarla prácticamente. Me ayuda pensarlo en términos de confianza en Dios. Así que la fe es confianza, y la confianza es fe.

No le place a Dios cuando usted y yo perdemos nuestra confianza. ¿Por qué? Se entristece por lo que nosotros perdemos. Dios se entristece si perdemos la confianza y permitimos que el diablo nos robe la herencia por la que Él envió a Jesús a morir, para que la tengamos. Dios ya hizo su parte, ahora quiere que nosotros hagamos la nuestra, que es creer: poner nuestra confianza en Él y en su Palabra y vivir de fe en fe, para que Él pueda llevarnos de gloria en gloria.

EXTREMADAMENTE, ABUNDANTEMENTE, POR ENCIMA Y MÁS ALLÁ

Dios:

> ... *es poderoso para hacer todas las cosas mucho más abundantemente de lo que pedimos o entendemos,*
> *Efesios 3:20*

Cuando oro o simplemente medito en todas las personas que están sufriendo, tengo un fuerte deseo de ayudarlas. A veces siento que mi deseo es más grande que mi capacidad, y lo es, ¡pero no es mayor que la capacidad de Dios!

Cuando lo que estamos enfrentando en nuestra vida o ministerio se levanta de una manera tan imponente ante nuestros ojos que la mente comienza a "encorvarse", necesitamos *pensar en el espíritu*. En lo natural, muchas cosas son imposibles. Pero en el mundo espiritual, sobrenatural, con Dios nada es imposible. Dios quiere que creamos en cosas mayores, que hagamos grandes planes y que esperemos que Él haga cosas tan maravillosas que nos deje con la boca abierta en reverencia. ¡Santiago 4:2 nos dice que no tenemos porque no pedimos! Podemos ser audaces al pedir.

A veces en mis reuniones las personas se acercan al altar por oración y tímidamente preguntan si pueden pedir dos cosas. Les digo que le pueden pedir a Dios todo lo que deseen, mientras confíen que Él lo hará a su manera y a su tiempo.

Cuando usted ora, lo hace estando de pie por dentro. A lo que me refiero es a que lo hace con respeto, pero agresivamente y con audacia. No ore con temor, y no ore "lo justo".

Cuando me escucho a mí misma y a otros orar, parece que frecuentemente dijéramos: "Señor, si *solo* hicieras esto, o lo otro...", "Dios, si tan *solo* me libraras en esta área", "Padre, si tan *solo* me dieras un aumento de sueldo o un ascenso en mi trabajo...", "Maestro, *solo* te pedimos que nos ayudes en esta área".

Sé que en parte eso es un hábito, pero creo que va más allá de eso. La mayoría de las personas dicen cosas como estas en oración, y dudo que todas tengan el mismo hábito. Creo que proviene de una actitud arraigada en nuestro interior, de que en realidad Dios no quiere hacer mucho por un *perro muerto o un saltamontes como nosotros*, así que es mejor que no pidamos demasiado: solo algo como para que nos arreglemos.

"Haz *solo* esto o lo otro" suena como si estuviéramos hablando con alguien que hace las cosas de manera escasa, alguien que no es capaz de mucho. Nuestra oración es: "Si tan *solo* haces esta sola cosa, no esperaremos nada más". Nos hace sonar como personas que esperan demasiado, y si tan *solo* obtenemos esa única cosa, estaremos satisfechos.

Recuerdo a Dios diciendo que Él es *el Dios Todopoderoso* (Génesis 17:1), en otras palabras, "más que suficiente". La Biblia dice que Abram era *extremadamente* rico, no solo tenía con qué arreglárselas. (Génesis 13:2). David era tan rico, que había *preparado para la casa de Jehová cien mil talentos de oro, y un millón de talentos de plata* (1 Crónicas 22:14) y más.[2]

Dios promueve regularmente a gente sencilla, común a posiciones que nunca podrían conseguir por sí mismos. La mismísima palabra *prosperidad* indica "más de lo que se necesita". Dios quiere que prosperemos en toda área, no solo financieramente. También quiere que tengamos prosperidad social, física, mental y espiritual.

Piense en ello. Dios quiere que tengamos tantas invitaciones para ministrar que tengamos que escoger cuáles aceptar. No es voluntad de Dios que su pueblo esté aburrido o aislado. Quiere que disfrutemos una gran comunión y compañerismo. Quiere que nos sintamos bien físicamente, no que solo arrastremos nuestros cuerpos todo el día. Quiere que estemos radiantes y activos, que disfrutemos la vida y que la vivamos al máximo. También quiere que seamos mentalmente agudos, que tengamos buena memoria y que no vivamos confundidos ni preocupados.

Quizás usted esté pensando: "Bueno, si esa es la voluntad de Dios, ¿por qué no tengo todas esas cosas en mi vida?".

Quizás usted no ha estado pidiendo lo suficiente. Quizás cuando usted ora no lo hace con audacia, de pie por dentro. No haga oraciones de "solo", ore por todo lo que se *atreva* a pedir, pensar o desear.

Cuando oro por oportunidades para el ministerio para poder ayudar a más personas, me atrevo a orar para ser capaz de ayudar a cada persona sobre la faz de la tierra. Sé que suena demasiado grande, pero en Efesios 3:20 Dios nos desafía a orar por grandes cosas.

Siempre declaro que nuestro programa de televisión Life In The World es visto todos los días en cada nación, ciudad y pueblo. Por medio de los satélites, esa visión se está volviendo más real cada día.

Cuando nuestros deseos parecen ser abrumadoramente grandes, y no vemos la manera de que puedan llevarse a cabo, deberíamos recordar que aunque no sepamos de qué manera, ¡conocemos al Hacedor de Caminos! Trataré el tema de la confianza en la oración más completamente en otro capítulo.

Dios tiene un camino para que nosotros hagamos todo lo que Él coloca en nuestro corazón. No nos da sueños y visiones para frustrarnos. Debemos mantener nuestra confianza hasta el final, ¡no solo por un poco y luego abandonar cuando la montaña parezca demasiado grande!

Es incalculable lo que las personas pueden hacer, ¡personas que no *parecen* ser capaces de nada! Dios no suele llamar a gente que es capaz; si lo hiciera, la gloria no sería para Él. Con frecuencia elige a los que, en lo natural, se sienten como si estuvieran abarcando más de lo que pueden manejar, pero que están dispuestos a ponerse de pie en su interior y dar pasos audaces en fe dejándose dirigir por Dios.

Generalmente queremos esperar hasta que nos "sintamos

listos" para atrevernos, pero si nos sentimos listos tendemos a apoyarnos en nosotros mismos en vez de depender de Dios.

Conozca sus debilidades y conozca a Dios: conozca su fortaleza y su fidelidad. Por encima de todo, no sea derrotista.

Hebreos 10:38-39 en la Traducción en Lenguaje Actual (TLA) nos da instrucciones claras sobre cómo ve Dios a quienes se dan por vencidos, a los temerosos y a los que no terminan lo que comienzan:

> *"Los que me son fieles en todo*
> *y confían en mí*
> *vivirán para siempre.*
> *Pero si dejan de serme fieles,*
> *no estaré contento con ellos."*
> *Gracias a Dios, nosotros no somos de los que dejan de ser*
> *fieles y acaban siendo castigados, sino que somos de los que*
> *reciben la salvación por confiar en Dios.*

Yo he resuelto no ser una derrotista. En Colosenses 3:2 el apóstol Pablo nos dice que nos mentalicemos y permanezcamos así. No dice cosas como: "Esto es demasiado difícil", "No puedo hacer esto" o "No creo que pueda lograrlo". En cambio, declara con audacia: "Puedo hacer todas las cosas por medio de Cristo que me fortalece. Estoy listo para lo que sea, soy igual a cualquier otro, por medio de Aquél que me infunde fortaleza interior. Soy autosuficiente en su suficiencia" (Filipenses 4:13).

DEL POZO AL PALACIO

> *Sucedió, pues, que cuando llegó José a sus hermanos, ellos*
> *quitaron a José su túnica, la túnica de colores que tenía sobre*
> *sí; y le tomaron y le echaron en la cisterna; pero la cisterna*
> *estaba vacía, no había en ella agua.*
> *Génesis 37:23,24*

> *Y dijo Faraón a José: Pues que Dios te ha hecho saber todo*
> *esto, no hay entendido ni sabio como tú. Tú estarás sobre*

mi casa, y por tu palabra se gobernará todo mi pueblo;
solamente en el trono seré yo mayor que tú.
Génesis 41:39–40

Un pozo es una zanja, una trampa, una asechanza. Se refiere a la destrucción. Satanás siempre quiere meternos en el pozo.

Sabemos por la Escritura que José fue vendido como esclavo por sus hermanos que lo odiaban. Ellos realmente lo arrojaron a un pozo y querían dejarlo morir allí, pero Dios tenía otros planes. Ellos terminaros vendiéndolo a unos traficantes de esclavos y así se convirtió en esclavo de un rico gobernante de Egipto. Pero aunque fue vendido como esclavo, él no tenía mentalidad de esclavo. Él creía que podía hacer cosas más grandes.

A todo lugar al que José iba, Dios le concedía favor. Incluso halló favor en la cárcel, donde pasó muchos años por un delito que no cometió. A la larga, acabó en el palacio, segundo al mando después de faraón, gobernando sobre todo Egipto.

¿Cómo llegó José del pozo al palacio? Creo que fue por mantenerse positivo, negándose a dejarse amargar, confiando en Dios y creyéndole. Aunque en muchas ocasiones parecía que estaba derrotado, él se siguió manteniendo de pie por dentro.

José tenía una actitud correcta. Sin una actitud correcta, una persona puede comenzar en el palacio y terminar en un pozo, cosa que en realidad les sucede a muchos. A algunos, parecería, se le brindan grandes oportunidades, y no hacen nada con sus vidas, mientras que otros, que tienen un comienzo muy malo, superan todos los obstáculos y obtienen el éxito.

José era un soñador; hizo grandes planes (Génesis 37:5-10). El diablo no quiere que tengamos sueños y visiones de cosas mejores. Quiere que nos sentemos y seamos gente que "no hace nada".

Lo desafío a que se decida en este momento a hacer algo grande para Dios. *Sin importar dónde comience, usted puede tener un gran final.* Si hubo personas que lo maltrataron o insultaron, no pierda tiempo tratando de vengarse: déjelas en las manos de Dios y confíe en que Él hará justicia.

Sepa qué quiere usted de la vida, qué quiere hacer. ¡No sea impreciso! Tener confianza significa ser audaz, abierto, claro y directo, eso no suena como despistado, vergonzoso, temeroso, inseguro de todo. Decídase a dejar su marca en este mundo. Cuando usted abandone esta tierra, la gente sabrá que usted ha estado aquí.

Cada vez que dedico cientos de horas al proyecto de un libro, creo que la gente lo leerá mucho después de que yo haya dejado la tierra. Creo que estarán viendo mis videos y escuchando mis grabaciones dentro de cien o en varios cientos de años, si el Señor se tarda. Creer eso me ayuda a energizarme para hacer todo el trabajo que implica cada proyecto. Quiero dejar un legado aquí en la tierra cuando me vaya a casa para estar con el Señor.

Ahora hablemos de un hombre de la Biblia que había perdido su confianza. Esta es una de mis historias favoritas de la Palabra de Dios.

"No se quede ahí echado, ¡haga algo!"

Después de estas cosas había una fiesta de los judíos, y subió Jesús a Jerusalén.

Y hay en Jerusalén, cerca de la puerta de las ovejas, un estanque, llamado en hebreo Betesda, el cual tiene cinco pórticos.

En éstos yacía una multitud de enfermos, ciegos, cojos y paralíticos, que esperaban el movimiento del agua.

Porque un ángel descendía de tiempo en tiempo al estanque, y agitaba el agua; y el que primero descendía al estanque después del movimiento del agua, quedaba sano de cualquier enfermedad que tuviese.

Y había allí un hombre que hacía treinta y ocho años que estaba enfermo.

Cuando Jesús lo vio acostado, y supo que llevaba ya mucho tiempo así, le dijo: ¿Quieres ser sano?

Señor, le respondió el enfermo, no tengo quien me meta en el

estanque cuando se agita el agua; y entre tanto que yo voy,
otro desciende antes que yo.
Jesús le dijo: Levántate, toma tu lecho, y anda.
Y al instante aquel hombre fue sanado, y tomó su lecho, y an-
duvo. Y era día de reposo aquel día.
Juan 5:1-9

¿Por qué ese hombre habrá estado tirado allí durante treinta y ocho años? Porque no solo estaba enfermo del cuerpo, sino también enfermo del alma. La enfermedad del alma es mucho peor, y a veces es más difícil de tratar que la enfermedad del cuerpo. Creo que la afección de este hombre (de cuerpo y alma) le había robado la confianza. Al no tener confianza, nunca había intentado realmente hacer algo, al menos no de una forma decidida.

Fíjese que cuando Jesús le preguntó si en serio quería sanarse, su respuesta fue: "Señor, no tengo a nadie que me ayude a meterme en el agua. Siempre algún otro se mete antes que yo". Creo que en treinta y ocho años él alguna vez podría haberse apurado hasta el borde del estanque y haber estado listo para arrojarse cuando el ángel viniera y agitara las aguas.

Las personas que han perdido su confianza generalmente se vuelven pasivas y hasta haraganas. No creen que puedan hacer nada, así que quieren que todos los demás hagan las cosas por ellos.

Jesús no se quedó allí lamentándose por el hombre. En cambio, le dio una orden muy precisa: "¡Levántate! ¡Toma tu lecho y anda!". En otras palabras: *"No te quedes echado ahí, ¡haz algo!"*.

¿Tiene usted alguna aflicción física que lo hace sentir inseguro? ¿Está permitiendo que las circunstancias le roben la iniciativa? ¿Le falta confianza porque es soltero, o porque no tiene educación universitaria? ¿Se compadece de sí mismo en vez de ponerse de pie por dentro y decidirse a superar cada obstáculo?

Jesús sabía que la autocompasión nunca liberaría al hombre, así que no se lamentó por él. Tuvo compasión de él, y ese es un sentimiento de dolor diferente. Jesús no estaba siendo duro, severo o mezquino, ¡estaba tratando de que el hombre fuera libre!

La autocompasión puede ser un grave problema. Lo sé, porque yo viví autocompadeciéndome durante muchos años, y era un problema para mí, para mi familia y para el plan que Dios tenía para mi vida. Dios finalmente me dijo que podía seguir siendo lastimosa o poderosa, pero no ambas cosas. Si quería ser poderosa, tendría que dejar de autocompadecerme.

Como José, yo sentía que me habían arrojado a un pozo. Ser abusada sexualmente durante aproximadamente quince años y haber crecido en un hogar disfuncional, me habían dejado falta de confianza y llena de vergüenza. Quería estar en el palacio (tener cosas lindas en mi vida) pero parecía estar atorada en el pozo (de tormento emocional y desesperación).

"¿Por qué a mí, Dios?" era el clamor de mi corazón que llenaba mis pensamientos y afectaba mis actitudes cotidianas. Esa mente perturbada y actitud derrotista me hizo una resentida, y esperaba que todos los demás solucionaran mis problemas. Sentía como si se me debiera algo por la forma en que había sido tratada en la vida, pero buscaba que la gente me devolviera lo que debía buscar en Dios.

Como al hombre de Juan 5, Jesús tampoco me mostró lástima. De hecho, fue bastante severo conmigo, pero eso fue un punto de quiebre en mi vida. Ya no estoy más en el pozo, ahora tengo una vida maravillosa. Como Lázaro al salir de la tumba, me sacudí las vendas y comencé a ponerme de pie por dentro.

"¡DESATADLE LAS VENDAS!"

Y habiendo dicho esto, clamó a gran voz: ¡Lázaro, ven fuera! Y el que había muerto salió, atadas las manos y los pies con vendas, y el rostro envuelto en un sudario. Jesús les dijo: Desatadle, y dejadle ir.
Juan 11:43-44

Cuando Jesús llamó a Lázaro de la muerte, le dijo: *¡Lázaro, ven fuera!* Luego dijo una segunda cosa: "Desatadle".

Muchas personas nacen de nuevo, son levantadas a una vida nueva, pero nunca entran en esa vida porque siguen estando envueltas en las vendas del pasado.

Sea firme. Tome una decisión. Mentalícese, póngase de pie por dentro, y usted también podrá ir "del pozo al palacio".

¿QUIERE SER SANO?

> *Y había allí un hombre que hacía treinta y ocho años que estaba enfermo.*
> *Cuando Jesús lo vio acostado, y supo que llevaba ya mucho tiempo así, le dijo: ¿Quieres ser sano?*
> *Juan 5:5-6*

La pregunta de Jesús al hombre es: *¿Quieres ser sano?*

Si usted y yo queremos ponernos bien (superar el pasado), debemos hacer las cosas a la manera de Dios. Siento gran compasión por las personas que lean este libro —por usted— y le digo lo mismo que el Señor me dijo a mí:

¡Puede ser lastimoso o poderoso!

Deje de comparar sus circunstancias con las de alguien que está mejor que usted. Encuentre a alguien que esté peor que usted, y luego se sentirá mejor. Busque personas que estén en una situación mejor que la suya solo para lograr una visión de dónde quiere estar, no para compararse con ellas. Póngase de pie por dentro y dígase a sí mismo: "Dios no hace acepción de personas; Él hizo cosas buenas para estas personas, y hará lo mismo para mí".

No se permita pensamientos deprimentes o negativos, hable positivamente acerca de su futuro. Cuando le sea necesario hablar del pasado desagradable, siempre diga: "Dios lo resolverá para mi bien".

¡SACÚDASE! ———————————————————————

> *Entonces, habiendo recogido Pablo algunas ramas secas, las echó al fuego; y una víbora, huyendo del calor, se le prendió en la mano.*
>
> *Cuando los naturales vieron la víbora colgando de su mano, se decían unos a otros: Ciertamente este hombre es homicida, a quien, escapado del mar, la justicia no deja vivir.*
>
> *Pero él, sacudiendo la víbora en el fuego, ningún daño padeció.*
>
> Hechos 28:3-5

Cuando Pablo y sus compañeros de viaje naufragaron en la isla de Malta, él estaba juntando ramas secas para hacer un fuego y secarse, cuando fue mordido por una serpiente que salió de entre las llamas. La Biblia dice que él simplemente la sacudió en el fuego. Usted y yo deberíamos hacer lo mismo: ¡nosotros también deberíamos ser interiormente atrevidos y sacudirnos!

Lo que fuere que lo esté perturbando de su pasado, *¡sacúdaselo!* Dios tiene un gran futuro planeado para usted. ¡En los sueños del futuro no hay lugar para las mordeduras de serpientes del pasado!

Estoy tratando de encender en usted un fuego que nunca se extinguirá. Despabílese y niéguese a seguir con un espíritu de frialdad y falta de vida. Combata esos pensamientos negativos que lo mantienen cautivo. Jesús quiere sanarlo por completo. No quiere arreglar solo partes de usted, quiere arreglarlo todo: cuerpo, emociones, boca, mente, actitud, voluntad y espíritu.

Jesús trató con el hombre de Juan 5 en más de un área. Trató algunos temas de su alma antes de tratar su cuerpo. Si estamos enfermos del alma, se lo verá en nuestros cuerpos de una manera u otra. Podemos recibir sanidad en un área y seguir teniendo problemas en otra. Necesitamos ir a la raíz de nuestros problemas.

Dios quiere hacerlo sano, completamente sano. No se

satisfaga con menos. Siga esforzándose hasta que cada área de su vida esté sana.

Dios está de su lado, y si Él es por usted no importa quién esté en su contra. Los gigantes pueden ser grandes, pero Dios es más grande. Usted puede tener debilidades, pero Dios tiene fortaleza. Usted puede tener pecado en su vida, pero Dios tiene gracia. Usted puede fallar, ¡pero Dios sigue siendo fiel!

¿Quiere ser sano? Si es así, examine cada una de sus actitudes y a las que no se alineen con la Palabra de Dios, ¡elimínelas!

¡SEA CONSTANTE EN LA FE!

> *Cuando venga el Hijo del Hombre, ¿hallará fe en la tierra?*
> *Lucas 18:8*

Debemos tratar severamente con nuestra carne —no debemos permitirle gobernar. Cuando Jesús regrese, Él quiere encontrarnos con fe (confianza), no con autocompasión ni amargura, temor o desaliento.

En este pasaje de Lucas, Jesús pregunta: "Cuando venga el Hijo del Hombre, ¿hallará fe en la tierra?" Dios se complace con nosotros en tanto sigamos creyendo. Nuestro trabajo es mantener nuestra confianza en un nivel elevado.

¿Tomará usted la decisión de comenzar a vivir de fe en fe, de confianza en confianza? Si lo hace, Santiago 4:10 le asegura que *Él los exaltará.*

¿No le encanta esa escritura? Satanás la odia, pero yo la amo. Aleluya, *Él lo exaltará ¡y hará que su vida valga la pena!* Créalo, recíbalo y confíe en que así será.

11

La condenación destruye la confianza

11
LA CONDENACIÓN DESTRUYE LA CONFIANZA

Pra ser valiente, debo estar confiada. Ya hemos establecido que la confianza es vital para el éxito. Todos desean tener confianza, pero mucha gente, quizás la mayoría de las personas, tiene graves problemas en esta área. ¿Por qué? Hay muchas razones posibles: Un pasado violento, una mala imagen de uno mismo, ignorancia del amor de Dios, rechazo de la familia y de sus pares, etc. Pero creo que una de las mayores razones es la condenación.

> **Amados, ahora somos hijos de Dios, y aún no se ha manifestado lo que hemos de ser; pero sabemos que cuando él se manifieste, seremos semejantes a él, porque le veremos tal como él es.**
>
> 1 JUAN 3:21

Hemos hablado del problema de la condenación en otras partes de este libro, pero necesitamos dedicar todo un capítulo a este tema debido a la cantidad de vidas destrozadas por ella.

¿QUÉ ES LA CONDENACIÓN?

> *Ahora, pues, ninguna condenación hay para los que están en Cristo Jesús, los que no andan conforme a la carne, sino conforme al Espíritu.*
> *Romanos 8:1*

En la *Nueva concordancia exhaustiva de la Biblia de Strong*, la palabra griega traducida condenación en este versículo significa una "sentencia adversa".[1]

El *Vine Diccionario Expositivo de Palabras del Antiguo y del*

Nuevo Testamento Exhaustivo nos dice que el sustantivo griego *krima*, traducido *condenación* denota: (a) la sentencia pronunciada, la condena con una sugerencia del castigo que sigue.[2]

La palabra traducida como *condenación* en varios versículos del Nuevo Testamento significa "notar contra, i.e. hallar falta con: —condenar, reprender";[3] "sentencia adversa";[4] "pronunciar culpable";[5] "condenar, castigar".[6]

A la luz de Romanos 8:1, ¿suena esto a la clase de actividad en la que nosotros, como cristianos, deberíamos ocuparnos, especialmente contra nosotros mismos?

AUTOEXAMEN EXCESIVO

Examinaos a vosotros mismos si estáis en la fe; probaos a vosotros mismos. ¿O no os conocéis a vosotros mismos, que Jesucristo está en vosotros?
2 Corintios 13:5

La Biblia nos dice que nos examinemos a nosotros mismos, y yo estoy de acuerdo de todo corazón en que necesitamos hacerlo. Deberíamos examinarnos a nosotros mismos para ver si hemos pecado, y de ser así debemos arrepentirnos sinceramente, y luego seguir viviendo sin ese pecado en nuestras vidas.

Hay una gran diferencia entre el examen y la condenación. El examen nos ayuda a probarnos a nosotros mismos que estamos en Cristo y que Él está en nosotros, y que en Él hemos sido liberados del pecado. La condenación nos mantiene enredados en el mismo pecado por el que nos sentimos condenados. No nos libera: ¡nos atrapa! Nos debilita y mina toda nuestra fortaleza espiritual. Entregamos nuestra energía al sentimiento de condenación en vez de usarla para vivir rectamente.

El exceso de auto examen existe, y personalmente creo que abre la puerta a muchos de los desequilibrios que vemos hoy en esta área entre los hijos de Dios.

Ser demasiado introspectivo y estar examinando continuamente cada uno de nuestros movimientos abre una puerta a Satanás. En el pasado experimenté muchos problemas en esta área, y sé de hecho que usted y yo no podremos tener éxito en aceptarnos a nosotros mismos hasta que tratemos este problema concienzuda y completamente.

Recuerdo que encontraba algo malo prácticamente en todo lo que hacía. Ya fuera que Satanás me acusara, o que le facilitaba el trabajo y lo hacía yo misma. Si pasaba tiempo con amigos, después de dejarlos siempre encontraba que había dicho o hecho algo malo. Luego comenzaba el ciclo de la culpa, esos sentimientos de condenación que siempre siguen a una investigación y acarrean un juicio desfavorable. Lo llamo ciclo porque cuando permitimos este tipo de cautiverio en nuestras vidas, se repite a sí mismo una y otra vez. Apenas nos recuperamos de un incidente, ya aparece otro.

Si oraba, nunca sentía haber orado lo suficiente ni correctamente. Si leía mi Biblia, sentía que debía leer más, o quizás una parte diferente. Si leía un libro que Dios estaba usando para ayudarme en ese momento y no leía primero mi Biblia, luego me condenaba porque "probablemente debería haber leído mi Biblia primero, y no un libro". Si iba de compras, me sentía condenada porque había gastado dinero o comprado algo que no necesitaba desesperadamente. Si comía, sentía que había comido demasiado o cosas inapropiadas. Si disfrutaba cualquier tipo de entretenimiento, sentía que debería haber estado trabajando.

Aunque algunos de estos sentimientos fueran vagos, no eran menos atormentadores y debilitantes. Estaban destruyendo mi confianza, y creo firmemente que Satanás está usando el mismo tipo de conflicto para destruir la confianza de muchas otras personas.

Mi esposo nunca pasó por este tipo de cosas. Él prácticamente nunca se ha sentido culpable. Simplemente trataba sus asuntos en oración, con arrepentimiento y creyendo en la Palabra de Dios. No se sentía culpable cuando cometía errores, y yo no podía entenderlo. No digo que no se sintiera arrepentido, sí se arrepentía, pero no se sentía condenado ni culpable. Él entendía la diferencia entre la convicción y la condenación, y yo no.

Él no se sentaba a autoexaminarse todo el día. Había veces que yo le decía: "Dave, no le deberías haber hablado a esas personas en ese tono de voz. Puedes haber herido sus sentimientos". Su respuesta sería: "Joyce, yo no estaba tratando de herir sus sentimientos, simplemente me estaba expresando. Si se ofendieron, es su problema, no el mío".

En esas situaciones, él no sentía ninguna convicción de pecado en su corazón. Hasta donde él sabía, su corazón era recto, y no creía que debiera pasar su vida sintiéndose responsable por las reacciones emocionales y complejos de todos los demás.

Esto no significa que Dave no se preocupara por las otras personas. Él se preocupa mucho, pero no va a permitir que la hipersensibilidad y la inseguridad de otros lo controlen. Orará por ellos, pero no se dejará controlar por ellos.

¡Eso es verdadera libertad!

Yo, por otro lado, vivía con un falso sentido de responsabilidad. No solo me sentía excesivamente responsable por todo lo que había hecho o podía haber hecho mal, sino que también me sentía responsable por cómo respondían los demás. En mi ministerio hacia otros hubo muchísimas veces en que me encontré lidiando con personas inseguras y emocionalmente heridas. Mi personalidad osada y directa y sus heridas no siempre se mezclaban bien. Yo era la misma de siempre, y ellos se dolían y se ofendían mucho. Cuando me daba cuenta de que algo no estaba bien, me sentía condenada.

Quizás ellos me estuvieran respondiendo de manera rara, o escuchaba más tarde por algún otro de que yo los había lastimado, y así yo volvía a repetir mi ciclo. Sentía y pensaba: "No actué correctamente. Ellos están dolidos y es mi culpa, tengo que cambiar. Trato y trato, pero siempre cometo los mismos errores, una y otra vez". Después venía el momento en que me volvía a sentir condenada. Siempre pensaba que había algo malo en mí, ¡siempre era mi culpa!

Mi esposo, que era y es una persona segura, tiene una perspectiva equilibrada sobre estos temas. Él no quería lastimar a la gente, pero al mismo tiempo sabía que no podía ser alguien que no era. Se dio cuenta de que el mundo está lleno de toda clase de personas, y no todas responderán favorablemente. Él sabía que si se hacía responsable por todas sus reacciones hacia él, le robarían la vida que Jesús murió para proveerle.

Esto no significa que podamos tratar a las personas como nos dé la gana o descalificar el hecho simplemente diciendo: "Si tienen un problema, es su culpa". Si Dios nos convence de mal comportamiento, debemos arrepentirnos y permitir que Él cambie nuestros caminos. Pero si no hay convicción de pecado de parte de Dios y solo estamos recibiendo condenación satánica por medio de nuestra falta de confianza, debemos oponernos a esas cosas o estaremos en una prisión espiritual toda nuestra vida.

Luego de años de agonía, finalmente experimenté libertad en esas áreas. Las fortalezas que han estado arraigadas en nuestras vidas durante mucho tiempo no siempre salen con rapidez. Debemos seguir procurando nuestra libertad y no renunciar hasta que veamos el cumplimiento de las promesas que Dios nos hizo en su Palabra.

Debemos aprender a escuchar nuestro corazón y no nuestra mente o sentimientos. Dave escuchaba su corazón, y yo escuchaba mi cabeza y mis sentimientos, por eso él disfrutaba la vida y yo no.

¿Convicción de pecado o condena?

> Y cuando él venga, convencerá al mundo de su error en cuanto al pecado, a la justicia y al juicio.
> Juan 16:8, nvi

Jesús les dijo a sus discípulos que cuando el Espíritu Santo llegara, los ministraría de una manera íntima y personal.

Una de las cosas de las que el Espíritu Santo es responsable es de guiar a los creyentes a la verdad, y Él es quien lleva a cabo el proceso de santificación en las vidas de los creyentes. Cumple esto en parte por sus poderes de convicción.

En otras palabras, cada vez que nos estamos saliendo del camino o yendo en la dirección equivocada, el Espíritu Santo nos da convicción de que nuestro comportamiento o decisión están errados. Esto se realiza por un "saber" en nuestro espíritu que lo que estamos haciendo no está bien.

Cuando usted y yo nos reconocemos culpables, deberíamos arrepentirnos y cambiar de dirección. No se requiere ni se acepta ni más ni menos que eso. Si sabemos cómo y estamos dispuestos a cooperar con el Espíritu Santo, podremos madurar espiritualmente y dar lugar a todas las bendiciones de Dios para nuestras vidas. Sin embargo, si ignoramos esa convicción de pecado y seguimos nuestro propio camino, el trayecto se nos hará duro y difícil. Nuestras vidas no serán bendecidas y por lo tanto resultarán infructuosas.

Satanás no quiere que tengamos convicción de pecado, ni siquiera quiere que la entendamos. Él siempre tiene una falsificación para todas las cosas buenas que Dios ofrece, algo parecido a lo que Dios ofrece, pero que si lo recibimos traerá destrucción en lugar de bendición.

Creo que la falsificación de Satanás de la verdadera convicción santa es la condenación. La condenación siempre produce sentimientos de culpa. Nos hace sentir "deprimidos" en todo sentido. Nos sentimos "debajo" de algo pesado, que es lo que Satanás quiere.

Dios, por otro lado, envió a Jesús a liberarnos, para darnos justicia, paz y gozo (vea Romanos 14:17). Nuestros espíritus deberían estar livianos, tranquilos, sin opresiones ni pesadez por cargas que no somos capaces de llevar. No podemos cargar nuestros pecados, Jesús vino a cargarlos. Solo Él es capaz de hacerlo, y nosotros debemos recibir su ministerio.

Pasé años sin entender la diferencia entre convicción y condenación. Cuando sentía convicción de haber actuado mal, en vez de arrepentirme y recibir la misericordia y la gracia de Dios, inmediatamente me sentía condenada y entraba en mi ciclo de culpa y remordimiento.

En Juan 8:31-32, Jesús nos dice: *Si vosotros permaneciereis en mi palabra conoceréis la verdad, y la verdad os hará libres.* Estoy tan agradecida por esta verdad que me fue dada a conocer por el Espíritu Santo que mora en mí, porque me ha hecho verdaderamente libre.

Si usted tiene problemas en esta área, quizás esté pensando: "Joyce, no quiero sentirme así, pero no sé cómo detener el ciclo y empezar a disfrutar la libertad". La unción de la Palabra de Dios es lo que lo liberará: *Envió su palabra y los sanó; los arrebató de las puertas de la muerte* (Salmo 107:20, NTV).

Aquí tiene algunos versículos que fortalecerán su fe para esas ocasiones en que usted sea atacado por sentimientos de culpa o condenación. Úselos como un arma contra Satanás declarándolos con su boca. Dígale lo mismo que Jesús le dijo cuando estaba siendo atacado: **"¡Escrito está!"** (vea Lucas 4:4, 8; Mateo 4:7).

> *Mas él herido fue por nuestras rebeliones, molido por nuestros pecados; el castigo de nuestra paz fue sobre él, y por su llaga fuimos nosotros curados.*
> *Isaías 53:5*

> *El que en él cree, no es condenado; pero el que no cree, ya ha sido condenado, porque no ha creído en el nombre del unigénito Hijo de Dios.*
> *Juan 3:18*

> *Ahora, pues, ninguna condenación hay para los que están en Cristo Jesús, los que no andan conforme a la carne, sino*

*conforme al Espíritu. Porque la ley del Espíritu de vida en
Cristo Jesús me ha librado de la ley del pecado y de la muerte.*
Romanos 8:1-2

*¿Quién acusará a los escogidos de Dios? Dios es el que justi-
fica. ¿Quién es el que condenará? Cristo es el que murió; más
aun, el que también resucitó, el que además está a la diestra
de Dios, el que también intercede por nosotros.*
Romanos 8:33-34

*el acusador de nuestros hermanos, el que los acusaba delante
de nuestro Dios día y noche.*
Apocalipsis 12:10

Manténgase firme en la Palabra. Pase tiempo con Dios de
manera regular. Niéguese a darse por vencido y frene el exce-
sivo autoexamen. Permita que Dios le dé convicción; no lo haga
usted mismo.

Las personas verdaderamente mansas no pasan demasiado
tiempo pensando en lo que hicieron bien o lo que hicieron mal;
simplemente permanecen "en Cristo".

Eso es lo que usted debería hacer. Deje de sentirse culpable y
condenado ¡y comience a vivir sintiéndose fuerte y libre!

FORTALEZA SANTA

*Por lo demás, hermanos míos, fortaleceos en el Señor, y en el
poder de su fuerza.*
Efesios 6:10

Como creyentes, somos fuertes en el Señor y en el poder de
su fuerza. A veces permitimos que nos venza un espíritu "pusi-
lánime". Nos acobardamos y tememos salir y hacer lo que Dios
nos está diciendo que digamos o hagamos. Necesitamos que se
nos recuerde regularmente que la Palabra de Dios dice que Él
*nos ha dado Dios espíritu de cobardía, sino de poder, de amor y de
dominio propio* (2 Timoteo 1:7).

Personalmente, me gusta la palabra *poder*. Creo que todos queremos ser poderosos. Dios tiene grandes planes para cada uno de nosotros.

¡Dios tiene grandes planes para usted!

Pero ahora le voy a contar un secretito: el temor nunca deja de venir contra nosotros. Debemos aprender a hacer lo que Dios nos dice que hagamos, sintamos miedo o no. Debemos hacerlo "con miedo" si fuera necesario, pero eso es lo que hace la valentía; ¡lo hace de todos modos!

Yo creía que si sentía miedo era una cobarde, pero luego aprendí otra cosa. Cuando Dios le dijo a Josué en repetidas ocasiones que no temiera, le estaba enseñando que el temor lo iba a atacar, pero que debía moverse en obediencia a lo que Dios le había dicho.

No somos cobardes porque sintamos temor. Solo somos cobardes si permitimos que ese temor gobierne nuestras decisiones.

De acuerdo a Vine, la palabra griega *fobos*, traducida como *temor* "tenía primariamente el sentido de 'huida', aquello que es provocado por el hecho de estar atemorizado; luego, aquello que puede provocar la huida".[7] Dios quiere que permanezcamos firmes y que no huyamos.

¡Quédese quieto y haga lo que Dios le dijo que hiciera!

El temor es un espíritu que puede producir síntomas físicos y emocionales. Cuando nos ataca, podemos sentirnos temblorosos y débiles, o sudorosos. Puede demandarnos toda la fuerza que tengamos tan solo para hablar o movernos. Todo eso no significa que seamos cobardes. La Palabra de Dios no dice: "No sude, no se sacuda, no tiemble". ¡Dice: "No tema"! La manera que conquistar el temor es seguir adelante a pesar de él y llegar al otro lado, el lado de la libertad.

Usted y yo generalmente queremos obtener nuestra liberación de manera milagrosa. Nos gustaría que algún amigo orara por nosotros para que pudiéramos experimentar la desaparición del problema, o querríamos pasar a una fila donde se nos ore que y que algún ministro haga que nuestro miedo se vaya. Sería lindo, pero normalmente no sucede de esa manera. Dios hace los milagros, y cuando los hace, es maravilloso, pero a menudo se nos demanda que nosotros "salgamos de las cosas".

No crea que hay algo malo en usted si parece que siempre tiene que "atravesar" las cosas y nunca parece conseguir su milagro. Dios tiene planes diferentes para cada uno de nosotros, y si Él demanda que nosotros "salgamos de" las cosas y "las atravesemos", tendrá sus razones.

Atravesar cosas y no huir de ellas es una de las mejores herramientas que Dios usa para hacernos crecer y prepararnos para ser usados por Él para ayudar a otras personas. Si nunca atravesáramos problemas, jamás ganaríamos una victoria personal sobre Satanás. Cuando "nos sostenemos" personalmente con Dios y avanzamos a pesar de las dificultades, "salimos de ellas" y aprendemos de ellas, obtenemos una victoria que nadie nos puede arrebatar.

No necesitamos estar buscando constantemente a otra persona que conozca a Dios para que gane esas victorias por nosotros. Necesitamos aprender a ser victoriosos por nosotros mismos.

Creo ciertamente en la oración de uno por otro. Honestamente no sé qué haría si no hubiera gente que orara por mí todo el tiempo. Creo que la oración nos alienta y fortalece para que podamos "atravesar" las situaciones y no claudicar. Creo en la ministración de unos a otros, pero hay un punto en nuestras vidas en el que debemos dejar de huir de las dificultades y permitir que Dios obre en nosotros lo que deba ser hecho.

¡Necesitamos ser fuertes!

Si eso significa confrontar el miedo, ¡debemos abrirnos paso a través del miedo y aprender lo que significa ser verdaderamente fuerte en el Señor y en el poder de su fuerza!

La verdadera fuerza es más que una voz fuerte ——————

Mejor es el que tarda en airarse que el fuerte;
Y el que se enseñorea de su espíritu, que el que toma una
ciudad.
Proverbios 16:32

Hay una diferencia entre alguien que es enérgico y desagradable y alguien que es verdaderamente fuerte en el Señor. He sido enérgica toda mi vida, pero no siempre he sido fuerte. Podía fanfarronear, pero mis acciones frecuentemente eran temerosas.

Cuando una persona tiene una personalidad fuerte los demás suponen que esa persona es audaz, pero no siempre es así. Me he dado cuenta de que muchas personas con "personalidades fuertes" en lo secreto son muy temerosas. A veces tienen una actitud demasiado agresiva que puede encubrir temores que no quieren enfrentar o tratar.

Lo que llamo "audacia santa" es algo hermoso. Se atreve en calmada obediencia y sigue a Dios sin importar cuál sea el costo personal. Da la gloria a Dios y no se considera a sí mismo mejor ni menosprecia a otros por ser menos audaces.

Lo llamativo o lo agresivamente carnal siempre atraen la atención hacia sí mismos. Suelen hacer sus propias cosas en vez de obedecer a Dios, y son críticos y sentenciosos respecto de personas más calladas que también son preciosas para el Señor.

Es importante darse cuenta de que todos tenemos diferentes personalidades dadas por Dios. Que algunas personas tengan una personalidad más callada o apacible no significa que no puedan también ser audaces. De hecho, en ocasiones es ese tipo de personas el que debemos buscar para encontrar el verdadero coraje.

Como dije, siempre he sido enérgica, con frecuencia desagradable y sin embargo, secretamente temerosa. Sigo teniendo una personalidad fuerte, pero he cambiado. Ahora sé cuándo abrirme paso hacia delante con valentía y cuándo esperar, cuándo hablar con firmeza y cuándo guardar silencio.

Nunca tenemos ninguno de los principios de Dios obrando apropiadamente en nuestra vida si no tenemos un equilibrio en ellos. No podemos mostrar una actitud áspera, dura y llamarla audacia. La verdadera audacia está llena de amor y misericordia. Es fuerte cuando debe ser fuerte, pero también es considerada para con los demás.

Para el plan de Dios es imperioso que la Iglesia manifieste audacia santa, no que viva secretamente en temor y condenación y luego presente ante el mundo una actitud falsa, carente de poder. Creo honestamente que quizás el 80 por ciento de todas las personas que se llaman a sí mismas cristianas se sienten condenadas la mayor parte del tiempo. Hay pocas personas que saben verdaderamente quiénes son en Cristo y andan seguras de esa verdad.

Las personas experimentan toda clase de inseguridades sobre ellas mismas. Tienen doble ánimo al tomar decisiones porque no están seguras de si están oyendo a Dios. Dudan de sí mismos a tal grado que no se atreven a ser obedientes y hacer las cosas que Dios los está guiando a hacer.

Sin embargo, cuando se trata de gritar o hacer ruido, son ellos quienes predominan, especialmente quienes se consideran movidos por Dios, ardiendo por Él.

Si vamos a ser verdaderamente audaces, debemos aprender a controlar nuestras emociones y ser lo suficientemente humildes para permitir que Dios nos use y nos bendiga como a Él le parezca.

¿PUEDE TOLERAR SER BENDECIDO?

> *Bienaventurado el varón que no anduvo en consejo de malos,*
> *Ni estuvo en camino de pecadores,*
> *Ni en silla de escarnecedores se ha sentado;*
> *Sino que en la ley de Jehová está su delicia,*
> *Y en su ley medita de día y de noche.*
> *Será como árbol plantado junto a corrientes de aguas,*

Que da su fruto en su tiempo,
Y su hoja no cae;
Y todo lo que hace, prosperará.
Salmos 1:1-3

Un creyente me contó hace poco sobre un automóvil muy caro que le habían regalado. Este hombre había sido fiel en el ministerio durante muchos años. Había trabajado muy duro y había hecho muchos sacrificios. Un grupo de empresarios que lo conocía y lo amaba quiso bendecirlo con cierto automóvil que sabía que él admiraba, pero nunca podría obtener sin una intervención sobrenatural. El auto costaba sesenta mil dólares.

El hombre nos contó que estaba pensando en venderlo. Le preguntamos si eso no ofendería o lastimaría a las personas que se lo dieron, y él respondió que cuando se lo dieron le dijeron que tenía la libertad de hacer lo que quisiera con el auto. Recuerdo haberle preguntado por qué quería venderlo, ya que era un sueño hecho realidad. Recuerdo sus palabras exactas. Dijo: "Sé que estoy en el ministerio y que no debería sentirme como me siento, pero te diré toda la verdad: No siento que merezca conducir un auto tan caro".

Esta es otra manifestación de falta de audacia que viene de la inseguridad y de no saber realmente quiénes somos en Cristo. Si no podemos ser siquiera lo suficientemente audaces como para recibir y disfrutar las bendiciones de Dios sin sentirnos culpables y condenados, ciertamente tenemos carencias en un área que es muy importante. Para comenzar, Dios quiere bendecir a sus hijos, y además quiere que nosotros seamos una bendición. ¿Cómo podemos bendecir a otros si no somos bendecidos nosotros mismos?

Creo que se necesita audacia para ser bendecido. Primero, tenemos que hacer oraciones audaces, y segundo, tenemos que ser capaces de recibir y disfrutar las bendiciones cuando se presentan.

Recuerdo cómo era yo, antes de que Dios me enseñara sobre la justicia por medio de Jesucristo. Me sentía tan mal conmigo misma que no podía imaginar que Dios quisiera darme bendiciones radicales. Apenas si podía creer que Él fuera a proveer para mis necesidades diarias, ni pensar en necesidades más allá de esas. No tenía audacia alguna en la oración como para pedir cosas que no fueran desesperantemente necesarias.

Al oír más y más enseñanzas sobre el plan de Dios para prosperar a sus hijos, me atreví a orar y comencé a pedir cosas que eran deseos en mi corazón pero no necesidades vitales. Todavía puedo recordar sentirme incómoda al tratar de hablar con el Señor de cosas como ropa realmente bonita o un nuevo anillo de bodas. El anillo que usaba en ese momento costaba diecisiete dólares. Cuando nos casamos, Dave me había comprado uno de unos cien dólares. Luego, unos años más tarde, mientras estábamos jugando al golf, le pedí que lo llevara en su bolsillo. Se le debe haber caído al sacar un soporte en el campo de juego. En ese momento teníamos tres niños pequeños y no había dinero para anillos. Compré uno en una librería cristiana. Tenía una cruz en la parte superior y era muy bonito, pero yo seguramente quería uno realmente lindo.

Por esa época de mi vida yo estaba profundizando mi relación con Dios y acababa de completar mi primer ayuno. Había ayunado todo el mes de febrero, pidiéndole a Dios que me ayudara a andar en amor. Luego de eso, una mujer a quien atendía en la iglesia se me acercó en una reunión y me dio una caja con el mensaje: "Dios me dijo que le diera esto". Cuando abrí la caja, contenía un precioso anillo de bodas con un diamante de veintitrés quilates. Por supuesto, yo estaba muy entusiasmada, pero comencé a darme cuenta de que me sentía incómoda al usarlo. Sentía que la gente pensaría que estaba tratando de hacerme la importante, o que no entenderían que había sido un regalo y no una extravagancia de mi parte. Tenía miedo de su juicio.

En otra ocasión recuerdo que una mujer me dio un abrigo de piel, y me sentí de la misma manera. Era algo que yo había deseado en secreto, y creía que Dios me estaba bendiciendo al dármelo, pero casi nunca lo usé porque sentía que las personas me juzgarían o pensarían sobre mí cosas que no eran ciertas. Era joven en el ministerio, y quería que la gente confiara en mí y se identificara conmigo. No quería que pensaran que yo me estaba convirtiendo en una persona que se creía "importante", haciendo alarde de objetos costosos.

Dave finalmente se puso firme conmigo y me dijo algo como: "Escucha, Joyce, tu trabajas mucho, haces muchos sacrificios para ministrar a las personas, y si no puedes recibir una bendición de Dios sin tener miedo de lo que pensará la gente, estarás en una especie de prisión emocional toda tu vida". Fue más lejos al explicarme que usara el abrigo y lo disfrutara. Lo que me dijo no cambió de inmediato el modo en que yo me sentía, pero sí me hizo darme cuenta de que necesitaba cambiar mi forma de pensar o Satanás la usaría para asegurarse de que nunca tuviera nada de lo que quisiera.

Por supuesto que debemos ser sabios en esta área. Por ejemplo, no creo que necesariamente debamos usar la mejor ropa que tengamos cuando vamos a ministrar a una persona pobre o necesitada o a personas del tercer mundo como India donde la pobreza prolifera descontroladamente. Si lo hiciéramos las ofenderíamos o las haríamos sentir aún peor por su situación. Eso podría hacer que se sintieran inferiores, lo que no los ayudaría para nada. Nuestro propósito al ir a ministrar a otros debe ser levantarlos y alentarlos, no hacer que se sientan inferiores o desanimados.

Queremos ser sensibles con los sentimientos de otros, pero si esto no tiene un equilibrio, nuestra sensibilidad puede abrir la puerta para que la gente nos controle a nosotros. Como todos sabemos, sin importar lo que hagamos, siempre habrá alguien que no nos apruebe. Al final de cuentas, cada uno de nosotros debe saber dónde está su corazón y seguir lo que en verdad cree que Jesús quisiera que haga en situaciones específicas.

Algunas personas son tan temerosas que, aunque Dios las

bendijera radicalmente, no podrían soportarlo. Para andar en la bendición de Dios debemos ser audaces. No podemos temer al juicio o la crítica de otros. Los celos y la envidia son espíritus a los que les encanta obrar por medio de familiares y amigos para robar el gozo de nuestro éxito y prosperidad. Recuerde, nuestra guerra no es contra carne y sangre, sino contra principados, potestades y huestes de maldad (Efesios 6:12).

No se enoje con la gente, pero tampoco se incline ante los espíritus (actitudes) equivocados que traten de controlarlo.

La voluntad de Dios para usted es la prosperidad. El Salmo 1 promete prosperidad a quienes se deleitan en su ley (sus preceptos e instrucciones) y quienes meditan en ella de día y de noche. En otras palabras, quienes le dan a Dios y a su Palabra el primer lugar en sus vidas pueden esperar ser prosperados.

La Biblia está llena de escrituras que prometen bendición y prosperidad a quienes aman a Dios y lo obedecen. Por lo tanto, quienes lo hacen pueden esperar ser bendecidos. No deberían sentirse tan inseguros que no puedan recibir bendiciones cuando les lleguen.

Dios no quiere que andemos con una actitud altanera de "yo soy mejor que tú". Pero sí quiere que recibamos gentilmente y con agradecimiento lo que elige darnos.

Alguien me recordó recientemente la túnica de José, un regalo especial que le había dado su amoroso padre, Israel. (Génesis 37:3-4). Aparentemente era muy hermosa, porque sus hermanos estaban celosos por ella. De hecho, odiaban a José por esa túnica, pero su odio no le impidió usarla.

Debemos disfrutar lo que Dios nos da y escucharlo a Él, no a toda la gente que nos rodea, quienes deberían estar felices por nosotros, pero que no son lo bastante maduros espiritualmente como para estarlo.

Suficientemente audaz como para ser guiado por el Espíritu

Huye el impío sin que nadie lo persiga;
Mas el justo está confiado como un león.
Proverbios 28:1

Si pretendemos tener éxito en aceptarnos a nosotros mismos, debemos llegar a un punto en el que podamos ser guiados por el Espíritu Santo. Solo Dios, por medio de su Espíritu, nos conducirá al éxito y a ser todo lo que podemos ser. Otras personas usualmente no lo logran, el diablo ciertamente no lo logra y nosotros mismos no podríamos hacerlo sin Dios.

Ser guiados por el Espíritu no significa que nunca cometamos errores. El Espíritu Santo no comete errores, pero nosotros sí. Seguir la guía del Espíritu es un proceso que solo se puede aprender haciéndolo. Comenzamos atreviéndonos a cosas que creemos que Dios está poniendo en nuestros corazones, y aprendemos con sabiduría y experiencia cómo escucharlo más clara y definidamente.

Digo que se necesita audacia para dejarse guiar por el Espíritu porque: 1) solo la audacia es atrevida, y 2) solo la audacia puede sobrevivir a cometer errores. Cuando las personas inseguras cometen errores, con frecuencia no vuelven a intentarlo. Las personas audaces cometen errores, pero su actitud es: "Lo voy a seguir intentando hasta que aprenda a hacerlo correctamente".

Quienes sufren condenación generalmente no creen que puedan escuchar a Dios. Cuando piensan que pueden haber oído a Dios y se han atrevido a hacer algo, una pequeña falla representa para ellos un contratiempo gravísimo. Cada vez que cometen un error, quedan sepultados bajo una montaña de culpa y condenación. Acaban gastando todo su tiempo en el ciclo. Cometen un error, se sienten condenados, cometen otro error, se sienten condenados, y así siguen.

Este libro fue escrito para alentarlo a usted a salir en fe y ser todo lo que Dios lo llamó a ser. ¿Pero qué sucede si usted lee este libro, sale y dos semanas después descubre que cometió un error? ¿Será lo suficientemente audaz como para orar, lo suficientemente sabio como para aprender de sus errores y determinarse a seguir adelante? ¿O se va a sentir condenado y volverá a desperdiciar su vida?

No tiene sentido aprender a dejarse guiar por el Espíritu Santo si no entendemos que vamos a cometer errores durante el trayecto.

¡Usted va a cometer errores! Simplemente, no cometa el error de pensar que nunca se equivocará. Esa expectativa no es realista y lo llevará a quedar desolado.

No ando todo el tiempo por ahí esperando cometer errores, pero he aceptado mentalmente el hecho de que a veces voy a equivocarme. Estoy preparada, mental y emocionalmente, para no sentirme derrotada por los errores y problemas que se presenten.

Sea audaz. Determínese a ser todo lo que Dios quiera que usted sea. No se esconda más detrás de sus temores e inseguridades. Si usted ya ha cometido errores garrafales en su vida y ha estado viviendo bajo condenación por ellos, ¡es tiempo de *avanzar*! Usted está leyendo este libro por una razón. De hecho, usted es la persona por la que fui guiada a escribir este libro. Tómese personalmente, como si Dios le estuviera habando directamente a usted. Determínese a seguir adelante hacia la victoria.

Cuando cometemos errores, solemos sentirnos avergonzados. Nos sentimos estúpidos, y nos preguntamos qué pensará la gente de nosotros. En realidad hay varios tipos de respuesta emocional al error. Deberíamos recordar que eso es exactamente lo que son: "respuestas emocionales", y no dejarnos controlar por ellas.

No siempre podemos controlar nuestras emociones, ¡pero no tenemos que dejarnos controlar por ellas!

No creo que alguien haya fallado hasta que deje de intentarlo.

No mire los errores como fracasos, mírelos como herramientas de aprendizaje. Aprendemos nuestros errores más que de ninguna otra cosa en la vida. Puedo leer la Biblia y ver claramente que me dice que no desobedezca a Dios, y mentalmente puedo saber lo que significa, pero *realmente aprendo* a no desobedecer a Dios después de haberlo hecho y experimentar las consecuencias.

Algunos dice: "Bueno, prefiero prevenir que curar". Pero a ellos les digo: "Usted puede prevenir, pero también lo lamentará".

Quiero alentarlo a que sea todo lo que Dios planeó para usted, en Cristo. No llegue a la mitad o a tres cuartos de ello, sino sea todo lo que Dios diseñó para usted. Haga todo lo que Él quiere que usted haga, y tenga todo lo que Él quiere que usted tenga. Nunca disfrutará la plenitud de Dios sin su audacia. La condenación destruye la audacia, así que no se quede bajo condenación.

Proverbios 28:1 dice que el impío huye sin que nadie lo persiga. Los impíos siempre están huyendo. Huyen de todo. Pero los inflexiblemente justos están confiados como un león. Y lo sienta o no, ¡usted es justo!

Dos clases de justicia

> *Al que no conoció pecado, por nosotros lo hizo pecado, para que nosotros fuésemos hechos justicia de Dios en él.*
> *2 Corintios 5:21*

Es imposible evitar una vida de condenación sin entender verdaderamente la justicia bíblica. Recuerde que la condenación destruye la confianza; por lo tanto, debemos seguir adelante y obtener un mayor entendimiento en estas áreas para que podamos asegurarnos la libertad.

Hay dos clases de justicia que debemos tratar: La justicia propia y la de Dios. La justicia propia se gana con acciones correctas, mientras que la justicia de Dios se nos da por gracia, por fe en Jesucristo.

La justicia propia no deja lugar para el error humano. Solo podemos obtenerla si hacemos todo perfectamente. Apenas cometamos algún error, dejamos de tenerla y nos sentimos mal porque la hemos perdido.

La justicia de Dios, en cambio, es lo opuesto. Ha sido dada para quienes, aunque quisiéramos ser perfectos, hemos enfrentado el hecho de que no podemos serlo (excepto en el corazón). Hemos tratado de vivir con nuestra fe en nosotros mismos y hemos encontrado que no sirve. Ahora hemos depositado nuestra fe en Jesús y hemos creído que Él se convirtió en nuestra justicia. Al colocarnos en Cristo, nos colocamos la justicia como si fuera una túnica y aprendemos a usarla con audacia en nuestro andar en la tierra:

> *Porque todos los que habéis sido bautizados en Cristo, de Cristo estáis revestidos.*
> *Gálatas 3:27*

> *En gran manera me gozaré en Jehová, mi alma se alegrará en mi Dios; porque me vistió con vestiduras de salvación, me rodeó de manto de justicia*
> *Isaías 61:10*

Usted y yo debemos enfrentar la realidad. No podemos ni siquiera esperar pasar el resto de nuestro tiempo en la tierra sin perder la compostura. No podemos ser perfectamente pacientes en toda situación. No podemos ser perfectamente obedientes y escuchar siempre a Dios de manera perfecta.

Jesús no vino por los que están sanos, sino para los que necesitan médico (Mateo 9:11-12). Él vino por "imperfectos yo" e "imperfectos usted". Él vino para que podamos tener éxito en aceptarnos a nosotros mismos, aunque eso signifique cometer algunos errores mientras estamos llegando a aceptarnos a nosotros mismos.

Sin duda mejoramos a medida que continúa nuestro andar en fe, pero si alguna vez lográramos la justicia propia, en realidad no necesitaríamos un Salvador.

Personalmente, prefiero necesitar a Jesús. Me he vuelto extremadamente apegada a Él y no quisiera ni pensar en vivir sin Él. Ya ni me esfuerzo por la justicia propia. Por supuesto, trato de hacer lo mejor que puedo, pero he aceptado mi condición de ser humano. Dejo que Dios sea Dios, pero también me permito a mí misma ser humana.

A veces nos presionamos demasiado a nosotros mismos. Tratamos de hacer lo imposible y, como resultado, vivimos frustrados y condenados. Si vamos a golpearnos cada vez que cometamos un error, vamos a terminar con una paliza todos los días. Vivir bajo condenación es como ser golpeado. Al menos así es como yo lo siento cuando lo vivo.

Solo piense en la frase: "Estoy bajo condenación". Es algo que solemos decir, y esa frase exacta nos dice que estamos *bajo* algo. Jesús murió para que podamos ser elevados, no para que sigamos viviendo *bajo* las cosas.

Condenación y legalismo versus libertad y vida ————

> *El ladrón no viene sino para hurtar y matar y destruir; yo he venido para que tengan vida, y para que la tengan en abundancia.*
> *Juan 10:10*

Quienes tienen una mirada legalista de la vida siempre experimentan mucha condenación. Los legalistas ven solo una manera de hacer las cosas; generalmente es una forma limitada, sin lugar para errores y ciertamente no da lugar a la creatividad individual.

Por ejemplo, las personas legalistas pueden pensar que solo hay una manera de orar. Ellos pueden estar seguros de que deben adoptar cierta postura, quizás con los ojos cerrados. Luego deben falsear su voz para que suene religiosa y usar muchas palabras elaboradas para impresionar a Dios. Para ellos, la oración debe tener cierta longitud. Pueden sentir que deben orar treinta minutos o una hora o cualquiera sea su particular estándar. Toda vez que no sigan sus reglas, resultarán condenados.

Las personas legalistas también suelen ser sentenciosas. No solo tienen reglas para sí mismas, sino que también quieren y esperan que los otros sigan sus reglas.

Recuerdo que cuando yo era muy legalista tenía mi propia manera de orar. Mi esposo, por supuesto, oraba de manera diferente a la mía, y yo sentía que lo estaba haciendo mal. Yo caminaba y oraba, mientras que él se sentaba y miraba por la ventana y oraba. Recuerdo haber pensado que él no podía estar "en el Espíritu" si estaba mirando por la ventana. Tal vez yo quería mirar por la ventana, pero eso no hubiera sido una "actitud religiosa"; por lo tanto, yo no me permitía ese placer. Si me hubiera sentado cerca de la ventana y hubiese mirado con ojos abiertos mientras hablaba con Dios, y hubiera tratado de llamar oración a eso, me hubiera sentido condenada. Me daba cuenta de que me molestaba la libertad de Dave, que es otra de las características de las personas legalistas.

El legalismo y el gozo no van de la mano. En Juan 10:10 Jesús dijo que Él vino para que tuviéramos vida y gozo. Antes de hacer esa afirmación, dijo que el ladrón vino para matar, robar y destruir. El ladrón del que estaba hablando era en realidad una actitud religiosa común entre la gente de ese tiempo. Eran personas que buscaban la justicia propia y no sabían nada de la clase de justicia de Dios. Jesús vino a traer luz a las tinieblas, esperanza al que no tenía ninguna, descanso al agobiado y gozo al mundo. Pero eso no podría pasar a menos que abandonáramos nuestra propia justicia y recibiéramos la de Él.

Escuché a un hombre decir que hay una manera segura de determinar cuándo uno está experimentando la libertad: Siempre tendrá alrededor a alguien con un espíritu religioso para juzgarlo y criticarlo por su libertad, tratando de hacerlo sentir condenado y culpable. Sí, el legalismo y la condena van juntos, como la mano y el guante.

Si realmente queremos ser libres de condenación, debemos abandonar el modo de pensar y las actitudes legalistas. La Biblia nos enseña a mantenernos en un camino angosto; no nos enseña a tener una mente estrecha. Nuestra manera no es la única manera, y la manera de otra persona no es la única manera correcta.

En Cristo hay lugar para la creatividad y la libertad. Él puede guiar a una persona a orar mientras camina, a otra mientras está acostada en el suelo con su cara hundida en una almohada, y a otra de rodillas al lado de la cama con las manos cruzadas, la cabeza inclinada hacia el cielo y los ojos cerrados. Una persona verdaderamente espiritual sabe que no es la postura lo que impresiona a Dios, sino la actitud de corazón.

Algo con lo que los legalistas tienen problemas es el relacionarse con Dios por medio de Cristo y no como resultado de obras. Quieren ser justos, pero lo que buscan es la justicia propia. El legalismo y el orgullo van juntos, y el orgullo siempre necesita algo de lo cual estar orgulloso. Como el orgullo necesita algo de lo cual estar orgulloso, las personas orgullosas sienten que siempre deben estar "trabajando" en algo.

Por supuesto que Dios quiere que trabajemos, pero las obras del espíritu son diferentes de las obras de la carne. Hacemos las obras de Dios en obediencia a Él, pero nuestras propias obras con frecuencia son el resultado de un plan de la carne que intenta ganar algo por nosotros mismos. No es algo que Dios haya dirigido. Nosotros lo hemos conducido y esperamos que Dios nos recompense por ello. Debemos aprender que Dios no está en oferta. No podemos comprar su favor, sus bendiciones ni su aprobación con nuestras buenas obras.

El apóstol Pablo dijo que los verdaderos cristianos se glorían en Cristo Jesús y no ponen su confianza en la carne (vea

Filipenses 3:3). Esa es la actitud correcta que debemos tener. Lo que hagamos bien se debe a la bondad de Dios, no a la nuestra. No hay lugar para alardear, por nada. No hay lugar para juzgar a los demás después que nos hayamos evaluado apropiadamente a nosotros mismos. Solo podemos recibir el don gratuito del amor y la gracia de Dios, amarlo y dejar que su amor se desborde sobre otros a través de nosotros.

Cuando nuestra confianza ya no esté en la carne sino en Cristo, estaremos listos para avanzar seriamente hacia ser todo lo que podemos ser. Se puede decir que estamos "marcados para el éxito".

Es triste decirlo, pero muchos cristianos nunca llegan a ser libres debido a la justicia propia y la autocondenación. Permanecen en el nivel bajo de la lucha por la justicia propia, tratando, fallando y sintiéndose condenados. Hay un lugar más elevado para los hijos de Dios: Las alturas de la libertad de la condenación. Usted y yo podemos disfrutar esos altos niveles de confianza que nos proveen el combustible para tener éxito en aceptarnos a nosotros mismos.

Recuerde siempre que la gente religiosa no aprueba la libertad, la prosperidad, la justicia o la confianza. Sufre cautiverio, cargas, pobreza, condenación y culpa.

Viví de esa manera la mayor parte de mi vida, y no lo seguiré haciendo. Jesús murió para hacerme k, pero nosotros debemos asumir una actitud *audaz* y *recibir* todo lo que Él murió para darnos. Debemos negarnos rotundamente a vivir *bajo condenación*. Cuando pecamos, debemos ser rápidos para arrepentirnos, *recibir el perdón* y *¡seguir adelante!*

He sido duramente criticada por enseñarles a las personas a gustarse a sí mismas y a vivir libres de condenación. Las personas legalistas viven temiendo que esa clase de enseñanza liberada le abra la puerta al diablo. Dicen: "Joyce, estás dando a la gente licencia para pecar".

Durante un tiempo retrocedí porque pensé que podían estar

en lo cierto. "Despúes de todo, ellos saben más que yo", era lo que decía mi mente. "Ellos tienen toda la educación y los títulos".

Pero Dios empezó a mostrarme que los que realmente lo aman ciertamente no buscan una excusa para pecar; hacen todo lo que pueden para mantenerse alejados del pecado. Cualquier persona que en verdad quiera pecar encontrará la manera de hacerlo sin importar lo que le enseñemos.

Las personas no experimentan la libertad cuando les enseñamos legalismo. La experimentan cuando les enseñamos justicia y libertad de la condenación. El legalismo nunca acerca a la gente a Dios. La ata a reglas y regulaciones y los deja sin tiempo para tener comunión con el Señor. Le tienen miedo la mayor parte del tiempo y no les interesa acercarse a Él porque ya han fallado de alguna manera y ahora están en el ciclo de la culpa.

La condenación destruye la relación personal con Dios. Roba el gozo de estar en comunión con Él. Destruye la confianza, la oración, el gozo, la paz y la justicia.

¡La condenación roba, mata y destruye! ¡Pero la justicia que encontramos en Jesucristo ofrece libertad, gozo y vida en abundancia!

12

CONFIAR CUANDO SE ORA

12

CONFIAR

CUANDO SE ORA

Elegí la oración como tema de este último capítulo porque es algo fundamental para lograr el éxito. Si usted y yo vamos a tener éxito en aceptarnos a nosotros mismos y triunfar en la vida, debemos saber cómo orar y estar dispuestos a darle a la oración un lugar de prioridad en nuestras vidas cotidianas.

> **Porque de cierto os digo que cualquiera que dijere a este monte: Quítate y échate en el mar, y no dudare en su corazón, sino creyere que será hecho lo que dice, lo que diga le será hecho. Por tanto, os digo que todo lo que pidiereis orando, creed que lo recibiréis, y os vendrá.**
>
> **MARCOS 11:23-24**

Cada fracaso es en esencia una falla en la oración.

Si no oramos, lo mejor que puede pasar es que no suceda nada, así que las cosas seguirán como están, lo cual es suficientemente alarmante en sí mismo. Todos necesitamos cambiar, y la manera de logarlo es mediante la oración.

No sirve de nada orar si no tenemos confianza (fe) en la oración.

Creo que mucha gente está descontenta con su vida de oración, y gran parte de esa insatisfacción es causada por la falta de confianza en ellos mismos y en sus oraciones. Muchos cristianos tienen hoy dudas sobre su oración y se sienten frustrados por ella. Aún los que oran habitualmente se declaran frustrados porque sienten que les falta algo; no están seguros de estar haciéndolo del modo correcto.

Me puedo identificar con esta situación porque me sentí de esa manera durante muchos años. Me había comprometido a orar cada mañana, pero al acabar mi tiempo de oración siempre me sentía vagamente frustrada. Al fin le pregunté a Dios qué era lo que estaba mal en mí, y respondió a mi corazón diciéndome: "Joyce, sientes que tus oraciones no son lo suficientemente buenas". Otra vez volvía a la vieja condenación. No estaba disfrutando de orar porque no tenía confianza en que mis oraciones fueran aceptables. ¿Qué pasaría si fueran "imperfectas"?

Dios tuvo que darme algunas lecciones sobre orar en fe, sobre entender que el Espíritu Santo me estaba ayudando a orar y que Jesús estaba intercediendo junto conmigo (vea Romanos 8:26; Hebreos 7:25). Si dos de las personas de la Trinidad me estaban ayudando, sin duda mis oraciones imperfectas se estarían perfeccionando para cuando llegaran al trono de Dios el Padre. Aprender esto me quitó mucha presión, pero todavía seguía necesitando desarrollar confianza en la oración simple y confiada.

ORACIÓN SIMPLE Y CONFIADA

Y orando, no uséis vanas repeticiones, como los gentiles, que piensan que por su palabrería serán oídos
Mateo 6:7

Debemos desarrollar en las oraciones simples, confiadas. Necesitamos la confianza de que si decimos simplemente: "Dios, ayúdame", Él nos oye y nos responderá. Podemos contar con que Dios será fiel para hacer lo que le hayamos pedido que haga, en tanto nuestro pedido esté de acuerdo con su voluntad. Deberíamos saber que quiere ayudarnos porque Él es nuestro Ayudador (vea Hebreos 13:6).

Con demasiada frecuencia nos enredamos en nuestras propias obras en lo concerniente a la oración. A veces tratamos de orar tan largamente, de manera tan llamativa y elaborada, que perdemos de vista el hecho de que la oración es simplemente conversar con Dios. Lo que importa no es la longitud, el volumen o la elocuencia de nuestra oración, lo importante es la sinceridad de nuestro corazón y la confianza que tengamos en que Dios nos escucha y responderá.

A veces tratamos de sonar tan devotos y elegantes que nos perdemos. Ni siquiera sabemos sobre qué queremos orar. Si pudiéramos librarnos de tratar de impresionar a Dios, estaríamos mucho mejor.

Hace varios años Dios me hizo dar cuenta de que cuando tenía la oportunidad de orar en voz alta frente a otras personas, en realidad no hablaba con Él en absoluto. Trataba de impresionar a quienes escucharan con mi elocuente oración, que sonaba espiritual. Es sencillo, la oración con fe viene directamente del corazón de quien ora y va directamente al corazón de Dios.

¿Con qué frecuencia deberíamos orar? Primera Tesalonicenses 5:17 dice: *Nunca dejen de orar* (NTV) o, como lo dice la Reina Valera 1960: *Orad sin cesar.*

Si no entendemos la oración simple, con fe, esa instrucción puede caer sobre nosotros como una carga sumamente pesada. Quizás sintamos que estamos haciendo bien al orar durante treinta minutos todos los días, de manera que ¿cómo podríamos orar sin cesar? Necesitamos tener total confianza en que nuestra vida de oración se vuelva como el respirar, algo sin esfuerzo que hacemos en todo momento en que estamos vivos. No nos esforzamos ni luchamos para respirar. Creo que no lucharíamos en esta área si entendiéramos realmente el poder de la oración simple y confiada.

Deberíamos recordar que no es la extensión ni el volumen ni la elocuencia de la oración lo que la hace poderosa: la oración se hace poderosa por la sinceridad y la fe que tenga detrás.

Si no tenemos confianza en nuestras oraciones, no oraremos mucho, ni qué decir que no oraremos sin cesar. Obviamente la terminología "sin cesar" no significa que debamos ofrecer algún tipo de oración formal a cada momento las veinticuatro horas del día. Significa que durante todo el día debemos tener una actitud de oración. Al encontrarnos con cada situación o mientras vienen a nuestra mente cosas que necesitan atención, deberíamos someterlas simplemente a Dios en oración.

Entonces vemos que la oración no puede depender de asumir cierta postura o actitud o de estar en cierto lugar.

NOSOTROS SOMOS EL LUGAR DE ORACIÓN

> *Mi casa será llamada casa de oración para todos los pueblos*
> *Isaías 56:7*

Bajo el Antiguo Pacto, el templo era la casa de Dios, el lugar de oración de su pueblo. Bajo el Nuevo Pacto ahora nosotros somos la casa de oración de Dios, un edificio todavía en construcción, pero que de cualquier manera sigue siendo su casa, su tabernáculo, su lugar de morada. Por lo tanto, nosotros deberíamos ser llamados casa de oración:

> *Porque nosotros somos colaboradores de Dios, y vosotros sois*
> *labranza de Dios, edificio de Dios.*
> *1 Corintios 3:9*

> *¿No sabéis que sois templo de Dios, y que el Espíritu de Dios*
> *mora en vosotros?*
> *1 Corintios 3:16*

Efesios 3:16 nos hace saber que podemos orar en cualquier lugar y en cualquier momento sobre lo que sea, y que debemos estar atentos a hacerlo: *Orando en todo tiempo con toda oración y súplica en el Espíritu, y velando en ello con toda perseverancia y súplica por todos los santos.* Si creyéramos y practicáramos Efesios 6:18, nuestras vidas y ciertamente nuestra oración podrían cambiar.

Parecería que incluso cuando pensamos en orar por algo que nos preocupa, casi siempre a ese pensamiento le sigue otro tipo de pensamiento erróneo: "Debo recordar orar sobre esto durante mi tiempo de oración".

¿Por qué no nos detenemos y oramos en ese mismo momento? Porque tenemos una fortaleza mental en esta área. Creemos que debemos estar en cierto lugar, con un cierto estado de ánimo y en una determinada posición antes de que podamos orar. No me extraña que no oremos mucho. Si el único momento en que podemos orar es cuando estamos sentados, quietos, y sin hacer absolutamente nada más, la mayoría de nosotros ciertamente no orará sin cesar.

Todos deberíamos apartar un tiempo para pasarlo con Dios, en que no estemos haciendo ninguna otra cosa, y deberíamos disciplinarnos para respetar nuestras citas con Él. Somos diligentes en respetar las citas con el médico, el dentista y el abogado, pero de alguna manera cuando se trata de Dios sentimos que podemos cambiar la cita sin avisarle o sin siquiera asistir.

Si yo fuera Dios ¡me sentiría insultado!

Sí, debemos apartar este tiempo, pero además de hacerlo, deberíamos ejercitar nuestros privilegios de oración durante todo el día. Nuestras oraciones pueden ser verbales o silenciosas, cortas o largas, públicas o privadas: ¡lo importante es que oremos!

ORACIÓN SECRETA

> Y cuando ores, no seas como los hipócritas; porque ellos aman el orar en pie en las sinagogas y en las esquinas de las calles, para ser vistos de los hombres; de cierto os digo que ya tienen su recompensa. Mas tú, cuando ores, entra en tu aposento [más privado], y cerrada la puerta, ora a tu Padre que está en secreto; y tu Padre que ve en lo secreto te recompensará en público.
> Mateo 6:5-6

Aunque algunas oraciones son públicas o grupales, la mayor parte de nuestra vida de oración es privada y secreta, y así debe ser. En otras palabras, no tenemos que publicar cuánto oramos ni cada cosa sobre la cual oramos.

La "oración secreta" significa varias cosas. Significa que

no publiquemos entre todos los que conocemos nuestras experiencias personales al orar. Oramos por las cosas y las personas que Dios pone en nuestro corazón, y guardamos las oraciones entre Dios y nosotros a menos que tengamos una muy buena razón para hacer otra cosa.

No hay nada de malo en decirle a un amigo: "Últimamente he estado orando mucho por la juventud de nuestra nación", o: "He estado orando para que las personas tengan una relación más seria con Dios". Compartir este tipo de datos es parte de la amistad; pero hay cosas que Dios pone en nuestro corazón para que oremos por ellas que debemos guardar para nosotros mismos.

La "oración secreta" implica que no exponemos nuestras oraciones para impresionar a las personas. Vemos un ejemplo de la forma correcta e incorrecta de orar en Lucas 18.

LA ORACIÓN HUMILDE

> *Dos hombres subieron al templo a orar: uno era fariseo, y el otro publicano.*
>
> *El fariseo, puesto en pie, oraba consigo mismo de esta manera: Dios, te doy gracias porque no soy como los otros hombres, ladrones, injustos, adúlteros, ni aun como este publicano;*
>
> *ayuno dos veces a la semana, doy diezmos de todo lo que gano.*
>
> *Mas el publicano, estando lejos, no quería ni aun alzar los ojos al cielo, sino que se golpeaba el pecho, diciendo: Dios, sé propicio a mí, pecador.*
>
> *Os digo que éste descendió a su casa justificado antes que el otro; porque cualquiera que se enaltece, será humillado; y el que se humilla será enaltecido.*
>
> *Lucas 18:10-14*

Para que la oración se llame apropiadamente "oración secreta" debe venir de un corazón humilde.

En esta lección sobre la oración que enseña el propio Jesús, vemos que el fariseo oró ostentosamente, es decir que oró pretenciosamente, haciendo una demostración extravagante. No había nada secreto ni siquiera sincero en su oración. La cita de la *Biblia Reina Valera 1960* dice que él "oraba consigo mismo". En otras palabras, sus oraciones nunca llegaron ni a dos pulgadas de distancia de sí mismo; estaba enredado en lo que *él* estaba haciendo.

El segundo hombre de la historia, un despreciable recaudador de impuestos—un "pecador malvado" ante los ojos de muchas personas—se humilló a sí mismo, inclinó su rostro y silenciosamente, con humildad, le pidió a Dios que lo ayudara. En respuesta a su sincera y humilde oración, toda una vida de pecado fue borrada en un momento. Este es el poder de la oración simple y con fe.

Mi equipo ministerial y yo hemos tenido el privilegio de dirigir a miles de personas al Señor cada año en nuestras conferencias. Observar cómo responden las personas al llamado al altar es fenomenal. Les hablo durante algunos minutos y los conduzco en una oración muy simple de entrega y fe. En esos pocos momentos, toda una vida de pecado es quitada y la justicia toma su lugar por medio de la simple fe en Jesucristo.

Dios no nos dio un montón de pautas complicadas o difíciles de seguir. El cristianismo puede ser simple, a menos que gente complicada lo haga complicado.

Edifique su fe sobre el hecho de que la oración simple y con fe es algo poderoso. Crea que puede orar en cualquier lugar, en cualquier momento, respecto a cualquier cosa. Crea que sus oraciones no necesitan ser perfectas, ni elocuentes o largas. Hágalas cortas, simples, llenas de fe, y fervientes.

LA ORACIÓN FERVIENTE

La oración eficaz del justo puede mucho.
Santiago 5:16

Para que la oración sea eficaz debe ser ferviente. Sin embargo, si malinterpretamos la palabra *ferviente*, podemos creer que tenemos que "desarrollar" emociones fuertes antes de orar; de otra manera, nuestras oraciones no serían efectivas.

Sé que durante muchos años yo creí esto, y quizás usted también se confunda o engañe con esto. Aquí tenemos otras traducciones de este versículo que pueden dar más claridad a su significado:

> *La oración del justo es muy poderosa y efectiva.*
> *Santiago 5:16*, RVC

> *La oración ferviente de una persona justa tiene mucho poder*
> *y da resultados maravillosos.*
> *Santiago 5:16*, NTV

> *Es muy poderosa la oración perseverante del justo..*
> *Santiago 5:16*, BLPH

> *La oración de una persona buena es muy poderosa, porque*
> *Dios la escucha.*
> *Santiago 5:16*, TLA

Creo que esta escritura quiere decir que nuestras oraciones deben ser realmente sinceras, y venir de nuestro corazón y no de nuestra mente.

En ocasiones experimento mucha emoción al orar, a veces incluso lloro. Pero hay muchas veces en que no siento ninguna emoción y no lloro; soy sincera al orar, pero no *siento* nada fuera de lo común.

La oración con fe no es posible si basamos el valor de nuestras oraciones en los sentimientos.

Recuerdo haber disfrutado tanto esos tiempos de oración en que podía *sentir* la presencia de Dios, que entonces me preguntaba qué estaba mal durante las ocasiones en que no *sentía* nada. Aprendí después de un tiempo que la fe no se basa en *sentimientos* de emoción, sino en el conocimiento del corazón.

LAS ORACIONES DE UN HOMBRE JUSTO

> *La oración eficaz del* justo *puede mucho.*
> Santiago 5:16

Santiago 5:16 plantea que la oración eficaz de un hombre "justo" tiene mucho poder. Esto significa un hombre que no está bajo condenación: uno que tiene confianza en Dios y en el poder de la oración. No se refiere a un hombre sin ninguna imperfección en su vida.

El versículo siguiente usa a Elías como ejemplo: *Elías era hombre sujeto a pasiones semejantes a las nuestras, y oró fervientemente para que no lloviese, y no llovió sobre la tierra por tres años y seis meses.*

Elías fue un formidable hombre de Dios que no siempre se comportó perfectamente, pero aun así hacía oraciones poderosas. No permitía que sus imperfecciones le robaran la confianza en Dios.

Elías tenía fe, pero también tenía temor. Era obediente, pero a veces también fue desobediente. Él se arrepentía, amaba a Dios y quería conocer su voluntad y cumplir el llamado que había sobre su vida. Pero a veces claudicaba por debilidades humanas y trataba de evitar las consecuencias de esa voluntad y ese llamado.

En muchos aspectos Elías se parece bastante a usted y a mí. En 1 Reyes 18 lo vemos moviéndose con un tremendo poder, invocando fuego del cielo y matando por orden de Dios a 450 profetas de Baal. Luego, inmediatamente después, en 1 Reyes 19, lo vemos atemorizado, huyendo de Jezabel, volviéndose negativo y depresivo, e incluso queriendo morir.

Como muchos de nosotros, Elías dejaba que sus emociones tomaran la delantera. El hecho de que Santiago 5:16

nos ordene orar poderosas oraciones eficaces como los justos hombres y mujeres de Dios—y luego nos dé un discurso sobre Elías y cómo él era un ser humano como nosotros, que aun así hacía oraciones poderosas—nos da suficiente "poder bíblico" para derrotar la condenación cuando ésta se levanta para decirnos que no podemos orar poderosamente por nuestras faltas y debilidades.

HOMBRES QUE ORABAN

> *También les refirió Jesús una parábola sobre la necesidad de orar siempre, y no desmayar.*
> *Lucas 18:1*

La Biblia está llena de relatos de hombres y mujeres que andaban con Dios y que veían la oración como el asunto principal de sus vidas.

Jesús oró:

> *Levantándose muy de mañana, siendo aún muy oscuro, salió*
> *y se fue a un lugar desierto, y allí oraba*
> *Marcos 1:35*

Seguro que la oración era importante para Jesús; de otro modo, se hubiera quedado en la cama. La mayoría de nosotros no nos levantamos temprano por nada a menos que sea muy importante.

Vemos que Jesús no hizo un gran despliegue de oración. En este ejemplo se fue a un lugar privado, donde la Biblia simplemente dice: "oraba".

David oró:

> *Dios, Dios mío eres tú; de madrugada te buscaré; mi alma*
> *tiene sed de ti, mi carne te anhela, en tierra seca y árida*
> *donde no hay aguas.*
> *Salmos 63:1*

David oraba lo que yo llamo oraciones que "buscan a Dios". Muchas veces al día me encuentro susurrando en mi corazón o incluso en voz alta: "Oh, Dios, te necesito". Es una oración sencilla, pero poderosa. Dios responde a esta clase de oración. Nos ayuda, nos manifiesta su presencia y es bendecido porque dependemos de Él.

Otras veces me oigo diciéndole al Señor: "Padre, ayúdame con esto". Se ha vuelto un hábito, uno que espero no romper nunca.

La Biblia dice que no tenemos porque no pedimos (Santiago 4:2). ¿Por qué no pedimos ayuda con mayor frecuencia? Daniel oró:

> *Cuando Daniel supo que el edicto había sido firmado, entró en su casa, y abiertas las ventanas de su cámara que daban hacia Jerusalén, se arrodillaba tres veces al día, y oraba y daba gracias delante de su Dios, como lo solía hacer antes*
> *Daniel 6:10*

Daniel ciertamente creía que la oración era importante. Se había emitido un edicto real que por treinta días quienquiera que hiciera una petición a cualquier dios u hombre que no fuera el rey sería echado en el foso de los leones.

Daniel oró como lo hacía siempre. Aparentemente él sabía que la protección de Dios era más importante que las amenazas de los hombres.

Los apóstoles oraron:

> *Y nosotros persistiremos en la oración y en el ministerio de la palabra*
> *Hechos 6:4*

Los apóstoles llegaron a estar tan ocupados con la distribución de la comida y otros detalles rutinarios que sus responsabilidades administrativas estaban interrumpiendo su tiempo de oración y de estudio. Ellos seleccionaron a siete hombres para que los ayudaran en esos deberes prácticos, de manera de poder continuar *dedicándose* a la oración y a la Palabra de Dios.

A veces debemos cambiar cosas en nuestras vidas para hacer lugar para la oración. Tenemos que eliminar otras cosas que son menos fructíferas. Usted y yo no tendremos éxito en nada a menos que oremos.

"Estoy demasiado ocupado" es la mayor y la peor de las excusas que ofrecemos. Nosotros armamos nuestros horarios (nuestras prioridades), y si tenemos tiempo libre después de haber hecho todo lo demás, entonces oramos. Lo que hacemos con nuestro tiempo dice qué es lo importante para nosotros. Si no oramos, una de las razones es porque no vemos en ella el valor que deberíamos notar.

La historia nos da un registro de muchos otros que, después que se escribió la Biblia, reconocieron tanto el valor como la necesidad de la oración.

Se dice que Martín Lutero dijo: "Tengo tanto trabajo que no puedo terminarlo sin haber pasado tres horas al día en oración".

Podríamos preguntarnos cómo dedicar tres horas al día a la oración con todas las otras cosas que tenemos que hacer, pero Martín Lutero se dio cuenta de que su actitud debía ser exactamente la opuesta.

No estoy sugiriendo que todo el mundo deba orar tres horas al día. Apunto a que hasta personas muy ocupadas, con muchas cosas importantes que hacer, se han tomado abundante tiempo para orar.

Se dice que John Wesley dijo: "Dios no hace nada excepto en respuesta a la oración".

En la vida cristiana, la oración no es opcional. Si queremos lograr algo en la vida, debemos orar.

Moisés oró y cambió la opinión de Dios.

LA ORACIÓN CAMBIA LAS COSAS Y A LAS PERSONAS

Dijo más Jehová a Moisés: Yo he visto a este pueblo, que por cierto es pueblo de dura cerviz.

Ahora, pues, déjame que se encienda mi ira en ellos, y los consuma; y de ti yo haré una nación grande.

Entonces Moisés oró en presencia de Jehová su Dios, y dijo: Oh Jehová, ¿por qué se encenderá tu furor contra tu pueblo, que tú sacaste de la tierra de Egipto con gran poder y con mano fuerte?

¿Por qué han de hablar los egipcios, diciendo: Para mal los sacó, para matarlos en los montes, y para raerlos de sobre la faz de la tierra? Vuélvete del ardor de tu ira, y arrepiéntete de este mal contra tu pueblo.

Acuérdate de Abraham, de Isaac y de Israel tus siervos, a los cuales has jurado por ti mismo, y les has dicho: Yo multiplicaré vuestra descendencia como las estrellas del cielo; y daré a vuestra descendencia toda esta tierra de que he hablado, y la tomarán por heredad para siempre.

Entonces Jehová se arrepintió del mal que dijo que había de hacer a su pueblo.

Éxodo 32:9-14

Hay muchos otros ejemplos similares a este en la Biblia, situaciones que describen cómo la oración sincera puede cambiar la manera de pensar de Dios.

Hay momentos en que puedo sentir que Dios se está cansando de soportar a alguien que no le obedece, y me encuentro dirigida a orar para que Dios tenga misericordia de esa persona y le dé otra oportunidad. Estoy segura de que otros han orado por mí en ocasiones en que lo necesité.

Como Jesús les dijo a sus discípulos en Getsmaní, deberíamos "Velar y orar" (Mateo 26:41). Necesitamos orar unos por otros, no juzgar ni criticarnos unos a otros. Hay un momento en que ya no necesitamos orar más por las personas o las situaciones; necesitamos dejarlos en las manos de Dios. Hay ocasiones en que las personas estarán mejor a la larga si Dios las trata con severidad ahora. Necesitamos dejarnos guiar por el Espíritu en nuestra oración, pero debemos orar.

Si observamos a la gente, podremos ver cuándo necesitan aliento, cuándo están deprimidos, temerosos, inseguros o experimentando cualquier número de otros problemas obvios. El que Dios nos permita discernir su necesidad es nuestra oportunidad para que seamos parte de la respuesta. Podemos orar y hacer lo que el Señor nos guíe a hacer. Deberíamos disponernos a ser parte de la respuesta a los problemas de las personas, no parte del problema. Hablar con otras personas de lo que anda mal con cierta gente que conocemos no es satisfacer sus necesidades. En lugar de hacer eso, ¡deberíamos orar!

Hace poco vi a dos mujeres que salían de un negocio de rosquillas, y ambas tenían un sobrepeso de 100 o 150 libras. Cada una llevaba una caja entera de rosquillas, y pude percibir que tenían un serio problema con sus emociones y comían para reconfortarse. Simplemente oré: "Dios, ayuda a esas mujeres a perder peso, y ayúdalas a saber que tú eres la respuesta a su problema. Envía al obrero perfecto a sus vidas, alguien que pueda darles una palabra en el momento adecuado, amén".

No creo que la gente se ofenda porque oremos por ella. Hubo momentos de mi vida en que necesité perder peso, y esperaba que alguien estuviera orando por mí. Prefiero recibir oración de la gente y no su juicio.

Con frecuencia vemos situaciones como esta y pensamos: "Qué vergüenza, lo último que necesita esta gente es una rosquilla", o vamos y le contamos a otra persona lo que vimos, pero erramos al no hacer lo único que podría marcar la diferencia: ¡Podemos orar!

Sin embargo, no oraremos por esta clase de situaciones si tenemos una actitud incorrecta respecto de la oración. Si pensamos que debemos estar en cierto lugar, en cierta postura, en cierto estado de ánimo "espiritual", Satanás nos robará nuestra oración, y gran parte de la obra de Dios no se hará.

A veces los cristianos sobreespiritualizamos las cosas al punto de no poder llevarlas a cabo, mucho menos disfrutarlas. Creo que si la gente entendiera la simplicidad de la oración oraría más porque sería capaz de disfrutarla y no sentir que siempre tiene que *trabajar* en ella.

Durante años he tratado de cambiar a mi esposo, a mis hijos y a mí misma, hasta que finalmente Dios me dio la convicción de que estaba trabajando, no orando. Me mostró que lo yo necesitaba era orar y dejar que Él hiciera el trabajo.

Le sugiero que haga usted lo mismo.

¿Qué tiene en su torno de alfarero? Si piensa en alguien, hágase un favor a sí mismo y a ellos y suéltelos.

Nosotros no somos el alfarero, Dios lo es, y ciertamente nosotros no sabemos cómo "arreglar" a la gente. A veces podemos ver lo que creemos que es el problema en la vida de una persona, pero no sabemos cómo solucionarlo, ante todo porque no sabemos qué fue lo que la rompió.

Tomemos como ejemplo a las dos señoras de la tienda de roquillas. Yo pude ver el problema: tenían un sobrepeso extremo. Pero no sabía por qué tenían ese sobrepeso. Quizás eran indisciplinadas pero no percibí qué era lo que les sucedía. Quizás ambas habían sido abusadas física, mental o sexualmente. Quizás habían soportado toda una vida de rechazo y dolor emocional. Pueden haber estado llenas de vergüenza y en realidad comenzar a comer para obtener confortación personal y luego cayeron en una trampa de la que no podían escapar.

Cuando tratamos de *arreglar* a las personas, a menudo las herimos más porque *suponemos* respecto a ellas muchas cosas que pueden o no ser correctas. Las personas que están heridas no necesitan que alguien con espíritu de orgullo trate de arreglarlas, necesitan ser aceptadas, amadas y que se ore por ellas.

En mi propio orgullo traté de arreglar a mi familia, y el

resultado fue que en realidad los alejé. Con el tiempo, me di cuenta de que no estaba logrando lo que quería porque no estaba orando ni confiando en Dios para que Él los arreglara a su tiempo y a su manera. Lo maravilloso es que ahora o Dios los arregla a ellos o me arregla a mí, porque los quiero tal como son. Sea como fuere, sin que yo sepa cuándo o cómo, Él se ocupó del problema.

¡Orar! ¡Orar! ¡Orar! Es la única manera de que las cosas se logren en la economía de Dios. Él tiene sus lineamientos y "usted no tiene porque no pide" (Santiago 4:2, paráfrasis de la autora). Usted es una de esas personas. Si hacemos las cosas a la manera de Él, siempre obtendremos buenos resultados. Si hacemos las cosas a nuestra manera, siempre terminaremos abatidos y sin buenos resultados.

PODER Y AUTORIDAD POR MEDIO DE LA ORACIÓN

> *Y yo también te digo, que tú eres Pedro, y sobre esta roca edificaré mi iglesia; y las puertas del Hades no prevalecerán contra ella.*
> *Y a ti te daré las llaves del reino de los cielos; y todo lo que atares en la tierra será atado en los cielos; y todo lo que desatares en la tierra será desatado en los cielos.*
> *Mateo 16:18-19*

Como no somos solo criaturas físicas sino también seres espirituales, somos capaces de tomar una posición en el mundo físico y afectar el mundo espiritual. Esto claramente es un privilegio y una ventaja.

Por ejemplo, si tengo un nieto que está experimentando dificultades en la escuela, puedo ir al mundo espiritual por medio de la oración y realizar una acción que cambie esa situación. *Dios es espíritu* (Juan 4:24), y cada respuesta que necesitemos para cada situación está en Él.

Cuando digo que podemos "ir al mundo espiritual", no estoy tratando de causar miedo ni de sonar demasiado espiritual.

Cada uno de nosotros al orar sinceramente entra en el mundo espiritual por medio de la oración. Estamos aquí en la tierra en cuerpo, pero en el espíritu vamos a los lugares donde está Dios y allí le pedimos con fe.

En Mateo 16:19, Jesús le dijo a Pedro que le daría las llaves del reino de los cielos. Las llaves destraban puertas, y creo que esas llaves (al menos en parte) pueden representar varios tipos de oración. En su conversación con Pedro, Jesús le siguió enseñando sobre el poder de atar y desatar, que funciona con el mismo principio espiritual.

Jesús también le habló a Pedro sobre el poder de la fe en el versículo 18, y sabemos que esa fe se suelta por medio de la oración. El poder de atar y desatar se ejercita también en la oración.

En el nombre de Jesús podemos atar (poner trabas) al diablo, y en el nombre de Jesús podemos soltar ángeles pidiendo que sean enviados del cielo para que nos protejan a nosotros o a otros, (vea Mateo 26:53; Hebreos 1:7 y 14).

Cuando usted y yo oramos por liberación de una atadura en nuestras vidas o en la vida de otro, estamos de hecho atando el problema y desatando una respuesta. El acto de orar ata el mal y desata el bien.

En Mateo 18 vemos a Jesús volviendo a tratar estos temas de atar y desatar, solo que esta vez agrega la instrucción de que debemos ponernos de acuerdo y enfatiza cuánto poder tiene ese tipo de oración.

ORAR DE ACUERDO CON LA VOLUNTAD DE DIOS

> *De cierto os digo que todo lo que atéis en la tierra, será atado en el cielo; y todo lo que desatéis en la tierra, será desatado en el cielo.*
>
> *Otra vez os digo, que si dos de vosotros se pusieren de acuerdo en la tierra acerca de cualquiera cosa que pidieren, les será hecho por mi Padre que está en los cielos*
> *Mateo 18:18-19*

Quiero llamar su atención al hecho de que la Biblia deja en claro que nuestra autoridad es para traer la voluntad de Dios a la tierra, no para que se cumpla nuestra voluntad. Las oraciones que están fuera de la voluntad de Dios no serán respondidas, ¡excepto con un no!

Como creyentes, tenemos autoridad espiritual y deberíamos ejercitarla. Una de las formas de hacerlo es en oración. Dios desea usar a sus siervos rendidos a Él para que oren que su voluntad sea hecha en la tierra así como en el cielo, como Jesús nos enseña a orar: *Hágase tu voluntad, como en el cielo, así también en la tierra* (Mateo 6:10).

Qué maravilloso privilegio. Nuestras plegarias no solo pueden afectar nuestro propio destino, sino que nosotros podemos ser usados por Dios para ayudar a otros a tener éxito en aceptarse a sí mismos y experimentar así la plenitud de todo lo que Él planeó para ellos en la vida.

SIETE TIPOS DE PLEGARIA PARA ORAR CON FACILIDAD ————

> *Orad en todo tiempo con toda oración y súplica en el Espíritu...*
> *Efesios 6:18*, RV 1995

Ahora me gustaría hablar sobre siete tipos de oración que vemos en la Palabra de Dios. Deberíamos ejercitar de manera regular todos los diversos tipos de oración. Son sencillas, pueden ser hechas en cualquier lugar, en cualquier momento y son más efectivas cuando se hacen con un corazón que cree.

La oración de acuerdo

Primero, permítame decir que creo que esta oración solo puede ser hecha por dos o más personas que estén comprometidas a vivir de acuerdo. Esta oración no es para personas que generalmente viven en conflicto y luego deciden que necesitan ponerse de acuerdo por algún tipo de milagro por el que están desesperadas. Dios honra las oraciones de quienes pagan el precio de vivir en unidad.

Como el poder de nuestra oración se multiplica cuando estamos de acuerdo con quienes nos rodean (1 Pedro 3:7), necesitamos estar de acuerdo todo el tiempo, no solo cuando enfrentamos una situación crítica. En nuestra vida habrá ocasiones en que lo que enfrentemos sea mayor que nosotros. En esos momentos, sería sabio que oráramos junto con alguien que esté de acuerdo con nosotros en esa situación. Permítame darle un ejemplo.

Dave y yo frecuentemente oramos de acuerdo mientras vamos conduciendo por la autopista. Estamos tratando que romper el mal hábito de "hablar de lo que oraremos más tarde" y desarrollar un nuevo hábito de "orar inmediatamente". Cuando es posible, nos tomamos de la mano y oramos de acuerdo. No creo que suceda algo "mágico" al tomarse de las manos mientras se ora, pero en nuestro caso, tocarnos uno al otro parece indicar que de verdad estamos de acuerdo, no solo en cierto tema, sino en general.

Si usted siente que no hay en su vida nadie con quien pueda ponerse de acuerdo en oración, no desespere. Usted y el Espíritu Santo pueden ponerse de acuerdo. Él está aquí en la tierra, con usted y en usted, que es un hijo de Dios.

Muchas personas nunca tendrán éxito en aceptarse a sí mismas simplemente porque no pueden ponerse de acuerdo con Dios.

Recuerdo a una mujer que ahora trabaja para mí, que decía que no podía creer cuando al principio Dios le puso en el corazón que trabajaría en mi personal a tiempo completo. Esta mujer había sido ama de casa durante treinta y cinco años y se le hacía difícil creer que podría hacer otra cosa. Ahora sus hijos habían crecido, y era tiempo de que ella entrara en una nueva etapa de su vida. Dios la seguía alentando a solicitar el puesto en nuestro ministerio, y ella seguía diciéndole que no era capaz de hacerlo, que no sabía hacer ninguna de las cosas que se necesitaban.

El Señor no solo la estaba alentando a solicitar el puesto con nosotros, sino que simultáneamente estaba poniendo en su corazón que fuera a un instituto bíblico de su iglesia durante un año antes de venir a trabajar para nosotros. Ella estaba absolutamente segura en su "carne" de que no podría hacer ninguna de esas cosas, pero finalmente cayó de rodillas y dijo: "Espíritu Santo, me pongo de acuerdo contigo. Si tú dices que puedo hacer esto, yo creeré que puedo hacerlo". Fue al instituto bíblico y luego solicitó el puesto con nosotros. Ella forma parte de nuestro personal desde hace unos catorce años.

¡Hay poder en el acuerdo! Haga oraciones de acuerdo, ¡especialmente cuando sienta la necesidad de un poder extra en la oración!

La oración de súplica

Esta oración es por lejos la más usada, pero quizás no debería ser así, como estará de acuerdo más tarde. Cuando suplicamos a Dios, le pedimos algo para nosotros mismos. Cuando oramos por otros, estamos intercediendo (hablaremos de este tipo de oración más tarde). La mayoría de nosotros, lamento decirlo, estamos demasiado interesados en nosotros mismos. Por esa razón, ejercitamos frecuentemente nuestro derecho a suplicar a Dios. Por supuesto, no está mal que le pidamos a Dios cosas para nosotros, pero nuestras peticiones deberían estar bien equilibradas con la alabanza y la acción de gracias (de lo que también hablaremos más adelante).

Es importante suplicar a Dios por nuestro futuro —orar y pedir su ayuda para que nos permita tener éxito en aceptarnos a nosotros mismos. Nuestro éxito no vendrá a través de las luchas personales o el vano esfuerzo. Solo se dará como resultado de la gracia de Dios.

Usted y yo debemos agregar nuestro esfuerzo a su gracia, pero el esfuerzo sin gracia es inútil. La gracia viene como resultado de pedirla. Pedir es hacer una oración de súplica. Este tipo de oración también puede hacerse con facilidad.

Cada día, cuando me siento a escribir y a trabajar en mis sermones o libros, le pido a Dios que me ayude. Lo hago brevemente, sin adoptar ninguna postura ni palabras elocuentes, pero sé que estoy dando lugar al poder de Dios para que me ayude a ser todo lo que pueda ser en ese día en particular.

Usted y yo podemos ser audaces al pedir a Dios por cualquier tipo de necesidad de nuestras vidas. No estamos restringidos a cierto número de pedidos por día. Podemos sentirnos a gusto hablando con Dios sobre cualquier cosa que nos preocupe, y pedirle por nuestras propias necesidades y deseos es uno de los tipos de oración que se nos dice que hagamos.

La oración de alabanza y la oración de acción de gracias

La alabanza es una narración o un relato en el cual contamos las cosas buenas acerca de una persona, en este caso, Dios. Deberíamos alabar al Señor continuamente. Al decir continuamente, quiero decir a lo largo de todo el día. Deberíamos alabarlo por sus obras poderosas, las cosas que Él ha creado e incluso las cosas que todavía va a hacer en cada una de nuestras vidas.

También deberíamos agradecerle siempre, en los buenos tiempos y especialmente en los difíciles. Cuando las oraciones de súplica pesan más que las de alabanza y acción de gracias en nuestra vida de oración, creo que eso dice algo sobre nuestro carácter.

Las personas codiciosas piden, piden, piden y raramente aprecian lo que ya han recibido. No creo que Dios nos conceda la plenitud de cuanto que ha planeado para nosotros hasta que nos volvamos agradecidos por lo que ya nos ha dado.

Piense en estas escrituras y obedézcalas:

> *Hablando entre vosotros con salmos, con himnos y cánticos espirituales, cantando y alabando al Señor en vuestros corazones; dando siempre gracias por todo al Dios y Padre, en el nombre de nuestro Señor Jesucristo.*
> *Efesios 5:19-20*

*Siempre orando por vosotros, damos gracias a Dios, Padre
de nuestro Señor Jesucristo.*
Colosenses 1:3

*Y todo lo que hacéis, sea de palabra o de hecho, hacedlo todo
en el nombre del Señor Jesús, dando gracias a Dios Padre
por medio de él.*
Colosenses 3:17

*Orad sin cesar. Dad gracias en todo, porque esta es la vo-
luntad de Dios para con vosotros en Cristo Jesús.*
1 Tesalonicenses 5:17-18

*Exhorto ante todo, a que se hagan rogativas, oraciones, peti-
ciones y acciones de gracias, por todos los hombres...*
1 Timoteo 2:1

*Así que, ofrezcamos siempre a Dios, por medio de él, sacri-
ficio de alabanza, es decir, fruto de labios que confiesan su
nombre.*
Hebreos 13:15

La vida poderosa viene de la acción de gracias. Una de las
maneras en que podemos "orar sin cesar" es siendo agradecidos
todo el día, alabando a Dios por su bondad, su misericordia, su
amorosa gentileza, gracia, longanimidad y paciencia.

La oración de intercesión

Interceder es estar *parado en la brecha* por otra persona.
(Ezequiel 22:30).

Si hay una brecha en la relación de las personas con Dios debido a algún pecado particular de su vida, tenemos el privilegio
de colocarnos en esa brecha y orar por ellos. Si ellos tienen una
necesidad, podemos interceder por ellos y esperar verlos recon-
fortados y animarlos mientras esperan. También podemos esperar un gran avance para ellos cuando sus necesidades sean
satisfechas.

No sé qué haría yo si las personas no intercedieran por mí. Literalmente, miles de personas me han dicho a lo largo de los años que han orado por mí. En verdad le pido a Dios que me provea intercesores. Le suplico que me dé personas que intercedan por mí y por el cumplimiento del ministerio al cual Él me ha llamado.

¡Nos necesitamos unos a otros! Si nuestras plegarias solo están llenas de peticiones y vacías de intercesión, eso también muestra nuestro carácter, así como cuando la petición supera la alabanza y la adoración en nuestra vida de oración.

He descubierto que cuanto más me libero de mi egoísmo, más oro por los demás, y viceversa.

Orar por otros es el equivalente a sembrar semillas. Todos sabemos que debemos sembrar una semilla si queremos recoger una cosecha (vea Gálatas 6:7). Sembrar semillas en las vidas de otras personas es una manera segura de cosechar en nuestra propia vida. Cada vez que oramos por otra persona, estamos asegurando nuestro propio éxito.

Si usted quiere tener éxito en aceptarse a sí mismo, le recomiendo fervientemente que incluya una amplia intercesión por otros en su vida de oración. Done lo que usted necesita o quiere.

Si quiere tener éxito, ayude a otras personas orando por ellas. Si quiere que su ministerio tenga éxito, ore por alguien de su ministerio. Si quiere que su negocio tenga éxito, ore por el negocio de otra persona. Si usted necesita un avance sobre algún mal hábito que le está impidiendo superarse o lo está frenando, ore por otra persona que tenga una necesidad en un área similar.

Recuerde, solemos vernos tentados a juzgar, lo que nos mantiene en cautiverio. Ofrezca oración por las personas en lugar de juicio, y progresará mucho más rápido hacia el cumplimiento de su destino.

La oración de entrega

Cuando somos tentados a preocuparnos o a ocuparnos de alguna situación en la vida, deberíamos hacer la oración de entrega.

Por ejemplo, si he hecho todo lo posible para llegar a una cita a tiempo, y por circunstancias que escapan a mi control parece que voy a llegar tarde, en vez de desesperarme, he aprendido a hacer la oración de entrega. Digo: "Señor, te entrego esta situación a Ti; haz algo para que las cosas funcionen bien". Encuentro que cuando hago esto, las cosas salen bien. El Señor me da su favor con aquellos con quienes debo encontrarme y entienden por completo lo sucedido, o resulta que ellos también llegan tarde, preocupados porque yo tuviera que esperarlos.

Dios interviene en nuestras situaciones cuando se las entregamos a Él.

Entregue al Señor sus hijos, su matrimonio, sus relaciones personales y especialmente cualquier cosa por la que se sienta tentado a preocuparse: *Echando toda vuestra ansiedad sobre Él, porque Él tiene cuidado de vosotros* (1 Pedro 5:7).

Para poder tener éxito en aceptarnos a nosotros mismos, debemos entregarnos continuamente a Dios, dándole todas esas cosas que parecen estar frenando nuestro avance. Solo Dios puede ocuparse apropiadamente de ese tipo de situaciones.

Encuentro que cuanto más trato de ocuparme de las cosas por mí misma, mi vida se convierte en un lío más grande. Yo era bastante independiente y se me hacía difícil humillarme y admitir que necesitaba ayuda. Sin embargo, cuando finalmente me sometí a Dios en estas áreas y conocí el gozo de echar todas mis preocupaciones sobre Él, no podía creer cómo había vivido por tanto tiempo bajo semejante presión.

La preocupación desata presión; la oración desata paz.

Usted y yo podemos aprender que hay un horario para que sucedan cosas en nuestras vidas, y también que las cosas no pasan de acuerdo con nuestro horario. Al principio puede parecer decepcionante, pero lo mejor es *entregárselas a Dios en oración*. Como suelo decir: *"Entréguelo y deje que Dios se encargue"*.

Hay mucho por hacer en nuestras vidas antes de que alcancemos la plenitud de nuestro destino.

Cuando miro hacia atrás en mi vida, lo único que puedo decir es: "¡Guau!" Han pasado tantas cosas que es casi increíble.

Solo Dios sabe lo que se debe hacer, y Él es el *único* que esta calificado para hacerlo. Cuanto más nos entreguemos con toda sinceridad a Él, más progreso lograremos hacer.

Haga con frecuencia la oración de entrega. Recuerde, en cualquier lugar, cualquier momento es aceptable para una oración.

La oración de consagración

El último tipo de oración es el de consagración, la oración en la cual nos entregamos nosotros mismos al Señor. En la oración de consagración le dedicamos nuestras vidas y todo lo que somos.

Recuerdo estar sentada en un servicio de iglesia hace muchos años. Era una reunión dominical de misiones, y mientras sonaba el órgano y cantábamos una canción basada en Isaías, mi corazón fue movido a ofrecerme a Dios para servirlo. Me recuerdo cantando las palabras que todos los demás estaban cantando: "Heme aquí, Señor" "¡Envíame a mí!".

Había cantado estas mismas palabras en otros domingos de misiones, pero esta vez fue diferente. Algo se estaba agitando en mi corazón y en mis emociones. Había lágrimas en mis ojos, y podía sentir que me estaba entregando verdaderamente a Dios para que se cumpliera su voluntad en mí.

Pienso con frecuencia en ese domingo. No pasó nada de inmediato; de hecho, no recuerdo que sucediera nada en particular por años después de eso. Pero de alguna manera sé en mi corazón que mi entrega a Dios ese domingo en particular tuvo algo que ver con el llamado al ministerio que recibí algunos años después.

Para que Dios nos use, debemos consagrarnos a Él.

Me sigo consagrando a Él en oración de manera regular. Digo: "Heme aquí, Señor. Soy tuya; haz conmigo como te plazca". Y a veces agrego: "Espero que me guste lo que tú elijas, Señor, pero si no es así, hazlo igual; sea hecha tu voluntad y no la mía".

Cuando nos consagramos verdaderamente al Señor, nos deshacemos de la carga de tratar de manejar nuestras vidas. Prefiero seguir a Dios voluntariamente que luchar para lograr que Él me siga a mí. Él sabe hacia dónde va, y sé que alcanzaré mi destino con seguridad si permito que Él conduzca.

Cuando dedicamos nuestros hijos al Señor, en efecto se los estamos entregando para que cumplan los propósitos divinos. Estamos diciendo: "Señor, sé que tú tienes un propósito específico para estos niños, y quiero que hagas tu voluntad en sus vidas. Yo los educaré para ti, no para mí misma, para tu propósito y tu voluntad, no la mía".

La consagración es algo poderoso, pero debe ser sincera. Es sencillo cantar con todos los demás algo como "Me rindo todo". Quizás nos sintamos movidos emocionalmente, pero la prueba real se encuentra a diario cuando las cosas no se dan como debería. Entonces, debemos cantar otra vez: "Me rindo a ti", consagrándonos de nuevo a Dios.

La consagración o la dedicación son los aspectos más importantes de tener éxito en aceptarnos a nosotros mismos. Ni siquiera sabemos qué es lo que deberíamos ser, mucho menos sabemos cómo alcanzarlo. Pero si de manera regular llevamos nuestras vidas al altar en consagración a Dios, Él hará la obra necesaria en nosotros, de manera que Él pueda hacer el trabajo que haga falta *a través de* nosotros.

Recuerde: Todos estos tipos de oración son simples, y no necesitamos complicarlos. Pueden ser utilizados cuando sea necesario en la vida. Nunca debemos olvidar hacer lo que se nos dice en la Palabra de Dios: *Orando en todo tiempo con toda oración y súplica en el Espíritu, y velando en ello con toda perseverancia y súplica por todos los santos* (Efesios 6:18).

Corto y simple es más poderoso que largo y complicado ————————————

Y orando, no uséis vanas repeticiones, como los gentiles, que piensan que por su palabrería serán oídos.
No os hagáis, pues, semejantes a ellos; porque vuestro Padre sabe de qué cosas tenéis necesidad, antes que vosotros le pidáis.
Mateo 6:7-8

Creo que Dios me ha ordenado que ore y haga mis peticiones con la menor cantidad de palabras que me sea posible. Al seguir esta práctica, entiendo más y más por qué me dijo que lo hiciera. Encuentro que puedo hacer que mi pedido sea muy simple y no confundo el asunto tratando de idear demasiadas palabras, mi oración parece así más clara y poderosa.

Necesitamos dedicar nuestra energía a soltar nuestra fe, no a repetir frases una y otra vez que solo sirven para alargar la oración y hacerla más complicada.

Me sorprende que como seres humanos nos engañemos tanto en cuanto al verdadero valor de las cosas. Siempre creemos que más es mejor, cuando en realidad nada podría estar más lejos de la verdad. A veces cuanto más tenemos, menos lo apreciamos. Cuantas más cosas tengamos de las cuales ocuparnos, menos podremos cuidarlas apropiadamente. La mayoría de las veces, más solo acarrea mayor confusión.

A veces me siento confundida en cuanto a qué ponerme en cierto día o para cierta ocasión. Tengo amigos pastores en la India que no experimentan esa clase de confusión. Cuando ellos van a su armario, solo tienen un traje, así que se lo ponen y salen.

Ciertamente no estoy en contra de ser próspero, ni tampoco de tener mucha ropa. La ropa es de hecho una de las cosas materiales de esta vida que disfruto realmente, y Dios me ha bendecido con abundancia de ella. Pero la uso como un ejemplo para aclarar lo que digo.

A menos que usemos sabiduría y hagamos un esfuerzo consciente para mantener la vida simple, toda nuestra abundancia solo servirá para traer confusión e infelicidad en vez de gozo y paz.

En realidad me ha sido difícil hacer que mis oraciones sean cortas y simples. No quiero decir que esté recomendando orar solo por un corto tiempo, sino que sugiero que cada oración sea simple, directa, al punto y llena de fe. Permítame darle un ejemplo.

Si necesito perdón, puedo orar: "Señor, perdí la compostura, y lo lamento. Te pido que me perdones. Recibo tu perdón, y te agradezco por él; en el nombre de Jesús. ¡Amén!".

O puedo orar: "Oh, Señor, soy tan desgraciada. Me siento desconsolada. Pareciera que no puedo hacer nada bien. No importa cuánto me esfuerce, siempre arruino todo y cometo los mismos errores. Perdí la compostura, y ahora todos están enojados conmigo. Quedé como una tonta, y no sé qué hacer. Tengo que dejar de enojarme así".

"Lo lamento tanto, Padre. Por favor perdóname. Oh, Dios, por favor perdóname. Por favor, Señor, te prometo que nunca más lo volveré a hacer. Oh, Señor, me siento tan culpable. Me siento tan mal. Estoy tan avergonzada de mí misma. No veo cómo podrías usarme, Dios. Tengo tantos problemas".

"Bueno, Señor, no me siento mejor, pero trataré de creer que estoy perdonada".

Creo que usted estará de acuerdo en que la primera oración es mucho mejor y más poderosa que la segunda.

Aquí hay otro ejemplo, una oración para avanzar:

"Señor, estoy cansada de esperar ver algún progreso en mi vida. Necesito que hagas algo que marque un avance en mis circunstancias o que me des una nueva unción para poder esperar. Confío en ti, Señor, en que responderás mi plegaria, y quiero que sepas que sea cual fuere tu respuesta, te amo".

Compare esa versión con esta:

"Señor, solo siento que no puedo esperar más tiempo para ver un avance. Tengo que ver algo esta semana, Dios, o no creo que pueda seguir adelante por más tiempo. Oigo sobre el progreso de todos los demás, y siento que yo no avanzo nada. Ha pasado mucho tiempo, Padre, desde que recibí alguna bendición, y estoy cansada. Estoy agotada. Estoy deprimida. Estoy descorazonada. Estoy decepcionada. Siento que no doy más".

(Podría parar en este momento de la oración y llorar un largo rato, y luego terminar orando:)

"Dios, espero que me estés escuchando, porque realmente no creo que pueda seguir así. No sé qué estoy haciendo mal. ¿No me amas más?

"¿Dónde estás, Señor? No puedo sentir tu presencia. No veo que te muevas en mi vida. No sé si me estás escuchando o no. Estoy confundida. Me siento peor ahora que cuando empecé a orar. ¿Qué es lo que anda mal en mí? Ni siquiera sé cómo orar. Oh, ¿me ayudas, por favor, Padre?"

Usted puede idear más ejemplos propios, pero espero que entienda lo que estoy tratando de decirle.

Comencé a entender que mi problema al orar era que no tenía fe en que mi oración fuera efectiva si era corta, simple y al punto. Había caído en la misma trampa en la que cae mucha gente: la mentalidad de que "cuanto más largo, mejor". Sin embargo, después de orar, la mayoría de las veces me sentía confundida e insegura, como si todavía no hubiera hecho lo que tenía que hacer.

Ahora, al seguir la guía de Dios de mantener mis oraciones simples y hacer mis pedidos con la menor cantidad de palabras posibles, experimento una mayor liberación de mi fe, y sé que Dios me ha oído y me responderá.

Como dije antes, la confianza en la oración es vital para el éxito en cualquier área. Sea realmente honesto consigo mismo sobre su oración y haga ajustes donde sea necesario. Si no está orando lo suficiente, ore más. Si sus oraciones son complicadas, simplifíquelas. Si necesita hacerlas más reservadas, solo entre usted y Dios, entonces deje de hablar de ellas con todos los que se encuentra.

La maravilla de tener convicción de un error en nuestras vidas es que así podemos hacer los cambios.

¿CUÁNTAS VECES DEBEMOS ORAR POR LO MISMO? ——————

Pedid, y se os dará; buscad, y hallaréis; llamad, y se os abrirá.
Porque todo aquel que pide, recibe; y el que busca, halla; y al
que llama, se le abrirá.
Mateo 7:7–8

Es difícil establecer reglas estrictas sobre el tema de cuánto orar por la misma cosa. He oído de personas que dicen: "Ore insistentemente hasta que vea un avance". Otros dicen: "Si ora más de una vez por algo, usted no creyó haberlo logrado la primera vez".

No creo que podamos hacer reglas estrictas, pero sí creo que hay ciertos lineamientos que podemos aplicar para ayudarnos a logar más confianza en nuestro poder en la oración.

Si mis hijos me dijeran que sus zapatos están gastados y me pidieran que les compre otros nuevos, probablemente respondería: "OK, se los compraré apenas pueda".

Lo que quisiera de mis hijos es confianza. Quisiera que confíen que haré lo que piden que haga. No me molestaría, incluso podría gustarme, que alguna vez dijeran: "Oye, mamá, estoy esperando con ansias esos zapatos", o "estoy ansioso por mis nuevos zapatos, mami; estaré muy contento cuando los tenga y pueda usarlos". Ambas afirmaciones me declararían que creyeron que voy a hacer lo que les prometí. Estarían recordándome la promesa que les hice, pero de una forma en la que no estén cuestionando mi integridad.

Por otro lado, si regresaran una hora más tarde y me volvieran a pedir lo mismo, eso me irritaría. Si dijeran: "Mamá, mis zapatos están gastados y te estoy pidiendo que me compres otros nuevos", yo pensaría: "Ya te oí la primera vez, y te dije que te los compraría apenas pueda. ¿Cuál es tu problema?".

Creo que a veces cuando le pedimos lo mismo a Dios una y otra vez, es una señal de duda o descreimiento, no de fe ni persistencia.

Cuando le pido algo al Señor en oración y, más tarde, eso vuelve a venir a mi corazón o a mi mente, le vuelvo a hablar del tema. Pero al hacerlo, evito pedirle lo mismo como si no me hubiese oído la primera vez.

Cuando oro, agradezco al Señor porque está obrando en la situación por la que oré previamente. Pero no vuelvo a orar lo mismo otra vez.

La oración persistente y con fe construye aún más fe y confianza en nosotros a medida que seguimos orando. Cuanto mayor sea nuestra confianza, mejor estaremos.

Por lo tanto, lo exhorto a hacer cosas que edifiquen su confianza, no cosas que la derriben. Haga cosas que honren a Dios, no cosas que lo deshonren.

En Mateo 7, Jesús nos dice que pidamos y sigamos pidiendo, y recibiremos. También nos dice que llamemos y se nos abrirá, que busquemos y sigamos buscando, y hallaremos.

Como ya he dicho, creo que este mensaje se refiere a la persistencia y no a la repetición. Deberíamos seguir perseverando y no desistir, si estamos seguros de que estamos buscando algo que está en la voluntad de Dios. Definitivamente la voluntad de Dios para cada uno de nosotros es que tengamos éxito en aceptarnos a nosotros mismos y que nos desarrollemos plenamente hasta alcanzar lo que Él planeó para nosotros. Por lo tanto, creo que esa oración persistente y con fe es un factor importante para alcanzar esa meta.

SEA UN CREYENTE, NO UN MENDIGO

Acerquémonos, pues, confiadamente al trono de la gracia, para alcanzar misericordia y hallar gracia para el oportuno socorro.
Hebreos 4:16

Cuando usted y yo oramos, debemos asegurarnos de acercarnos a Dios como creyentes, no como mendigos. Recuerde, de acuerdo con Hebreos 4:16, podemos acercarnos al trono confiadamente: no mendigando, sino confiadamente; no agresivamente, sino confiadamente.

Asegúrese de mantener el equilibrio. Sea respetuoso, pero audaz. Acérquese a Dios con confianza. Crea que Él se deleita en sus oraciones y que está listo para responder cualquier pedido que esté de acuerdo con su voluntad.

Como creyentes, deberíamos conocer la Palabra de Dios, que es su voluntad; por lo tanto, debería ser fácil para nosotros orar de acuerdo con la voluntad de Dios. No se acerque a Él preguntándose si lo que está pidiendo estará o no de acuerdo con su voluntad. Resuelva esa cuestión en su corazón *antes* de orar.

Hay veces en que realmente no sé cuál es la voluntad de Dios en cierta situación, y se lo digo cuando oro. En esos casos, simplemente le pido que se haga su voluntad.

En cualquier caso, deberíamos orar con audacia y confianza.

¡CREA QUE DIOS LO OYE!

Y esta es la confianza que tenemos en él, que si pedimos alguna cosa conforme a su voluntad, él nos oye. Y si sabemos que él nos oye en cualquiera cosa que pidamos, sabemos que tenemos las peticiones que le hayamos hecho.
1 Juan 5:14-15

Cuando ore, ¡crea que Dios lo oye!

En Juan 11:41-42, justo antes de que Lázaro saliera de la tumba, Jesús oró:

> *Padre, gracias te doy por haberme oído.*
> *Yo sabía que siempre me oyes; pero lo dije por causa de la multitud que está alrededor, para que crean que tú me has enviado.*

¡Qué confianza! A los fariseos eso debe haberles parecido un espíritu altanero. Su respuesta debe haber sido: "¿Quién se cree este que es?"

Así como Satanás no quería que Jesús tuviera esa clase de confianza, tampoco quiere que nosotros tengamos esa clase de confianza. Pero yo lo aliento una vez más antes de que termine de leer este libro:

¡Tenga confianza!

Tome la decisión de ser un creyente, no un mendigo. Vaya al trono en el nombre de Jesús: ¡su nombre captará su atención!

Yo no soy tan famosa como Jesús, pero a la gente le gusta usar mi nombre. A mis empleados les gusta decir: "Trabajo para Joyce Meyer", a mis amigos les gusta decir: "Yo conozco a Joyce Meyer", y a mis hijos les gusta decir: "Joyce Meyer es mi mamá". Les gusta hacerlo especialmente cuando necesitan el favor de alguien, y creen que aquellos a quienes se están acercando les podrían conceder un favor mayor si mencionan mi nombre.

Si eso funciona para nosotros como seres humanos, piense cuán bien debe funcionar en el mundo celestial, especialmente cuando usamos el nombre que es sobre todo nombre: ¡el bendito nombre de Jesús! (Filipenses 2:9-11).

Vaya audazmente. Vaya en el nombre de Jesús. Vaya con confianza, y vaya decidido a tener éxito en aceptarse a sí mismo.

CONCLUSIÓN

Conclusión

P ara resumir el punto más importante de todo este libro, permítame concluir: *Usted nunca se sentirá pleno en la vida a menos que logre la meta de aceptarse a sí mismo.*

Y el mismo Dios de paz os santifique por completo; y todo vuestro ser, espíritu, alma y cuerpo, sea guardado irreprensible para la venida de nuestro Señor Jesucristo.

1 Tesalonicenses 5:23

Jesús murió para que usted pueda dejar de compararse con otros y termine viviendo en la agonía de tratar de copiarlos.

En su libro titulado *Sanctification* (Santificación), Charles Finney escribió: "no se puede alcanzar la santificación intentando copiar la experiencia de otros. Es muy común que, en su ceguera, los pecadores convictos o los cristianos que preguntan sobre la entera santificación les pidan a otros que les relaten sus experiencias, que señalen minuciosamente los detalles de sus actividades, y que luego se dispongan a orar y a hacer esfuerzos definidos para lograr ese mismo tipo de vivencias, sin comprender que no se pueden experimentar concienzudamente los sentimientos de otros como tampoco ellos pueden parecerse a otra persona.

"Las experiencias humanas difieren unas de otras así como difieren sus rostros. La completa historia del anterior estado de mente del hombre modifica por supuesto su experiencia presente y futura; de manera que la precisa sucesión de sentimientos que puedan ser requeridos en su caso, y que realmente tendrán lugar si usted alguna vez se santifica, no coincidirá en todos sus detalles con la experiencia de ningún otro ser humano.

Es de la mayor importancia para usted entender que no puede ser copiar una verdadera experiencia religiosa; y que correrá un gran riesgo de ser engañado por Satanás cada vez que intente copiar la experiencias de otros. Le ruego, por lo tanto, que deje de orar para, o de tratar de obtener, la exacta experiencia de cualquier otra persona".[1]

Charles Finney vivió y ministró en el siglo diecinueve. Al enseñar la Palabra de Dios casi 150 años después que él, me resulta alentador que el mensaje siga siendo el mismo.

La santificación es, por supuesto, el estado de perfecta santidad y se alcanza gradualmente mediante la obra del Espíritu Santo en nuestras vidas.

El *Vine Diccionario Expositivo de Palabras del Antiguo y del Nuevo Testamento Exhaustivo* afirma que *santificación* es: "separación para Dios la separación del creyente de las cosas malas y de los malos caminos. Esta santificación es la voluntad de Dios para el creyente y su propósito al llamarlo mediante el evangelio tiene que ser aprendida de Dios conforme Él la enseña mediante su Palabra y el creyente tiene que buscarla seria y constantemente En razón de que el carácter santo no es vicario, esto es, no puede ser transferido o imputado, es una posesión individual, edificada, poco a poco, como resultado de la obediencia a la Palabra de Dios y de seguir el ejemplo de Cristo en el poder del Espíritu Santo".[2]

No somos santificados por seguir a cualquier otra persona, sino solo a medida que seguimos a Cristo como nuestro ejemplo. Parte de esta santificación o perfección ciertamente debe ser el logro del cumplimiento de nuestros destinos individuales, porque ¿cómo podremos ser santificados si estamos fuera de la voluntad de Dios para nuestras vidas, o si nos encontramos encogiéndonos de miedo, duda, baja autoestima o incredulidad?

Charles Finney afirma que la santificación no puede darse copiando a cualquier otra persona. Estoy de acuerdo y digo también que ninguno de nosotros tendrá éxito en aceptarse a sí mismo, ninguno de nosotros será libre y capaz de disfrutar de la vida copiando a otra persona.

Mi intención cuando me embarqué en este proyecto, cuya preparación demandó cientos de horas de mi tiempo, fue ayudarlo a usted tener éxito en aceptarse a sí mismo. Creo que he cumplido mi propósito lo mejor que he podido.

Que Dios lo bendiga ricamente a medida que usted persevere hacia el supremo llamamiento de llegar a ser todo lo que puede ser, en, a través de, por y para Jesucristo.

Oración por una
Relación personal con el Señor

Dios quiere que usted reciba su don gratuito de salvación. Lo que más quiere Jesús es salvarlo y llenarlo con el Espíritu Santo. Si usted nunca invitó a Jesús, el Príncipe de Paz, a ser su Señor y Salvador, lo invito a que lo haga ahora. Haga la siguiente oración, y si realmente es sincero, usted experimentará una nueva vida en Cristo.

Padre:

Tú amaste al mundo de tal manera que diste a tu Hijo unigénico para que muriera por nuestros pecados para que todo aquel que crea en Él no muera, mas tenga vida eterna.

Tu Palabra dice que somos salvos por gracia por medio de la fe como un regalo que viene de ti. No hay nada que podamos hacer para ganar la salvación.

Creo y confieso con mi boca que Jesucristo es tu Hijo, el Salvador del mundo. Creo que Él murió en la cruz por mí y cargó todos mis pecados, pagando el precio por ellos. Creo en mi corazón que tú levantaste a Jesús de entre los muertos.

Te pido que perdones mis pecados. Confieso a Jesús como mi Señor. ¡De acuerdo con tu Palabra, soy salvo y pasaré la eternidad contigo! Gracias, Padre. ¡Estoy tan agradecido! En el nombre de Jesús, amén.

Vea Juan 3:16; Efesios 2:8-9; Romanos 10:9-10; 1 Corintios 15:3-4; 1 Juan 1:9; 4:14-16; 5:1,12 y 13.

Notas finales

Introducción

[1] Dios restaurará nuestra alma. David dice en el Salmo 23:1,3: *El SEÑOR es mi pastor, nada me faltará... El restaura mi alma...* (LBLA). De la lectura de Lucas 4:18 vemos que Jesús fue enviado a traer restauración a nuestras vidas. *El Espíritu del Señor está sobre mí, Por cuanto me ha ungido para dar buenas nuevas a los pobres; Me ha enviado a sanar a los quebrantados de corazón; A pregonar libertad a los cautivos, Y vista a los ciegos; A poner en libertad a los oprimidos.* (RV 60).

Capítulo 1:

[1] Webster's II New College Dictionary (Boston/New York:Houghton Mifflin Company, 1995), s.v. "accept" (aceptar).

[2] Webster's II, s.v. "acceptance" (aceptación).

Capítulo 2

[1] Basado en una definición del "Diccionario de palabras hebreas y arameas del Antiguo Testamento", de la *Nueva concordancia exhaustiva de la Biblia de Strong*, de James Strong (Editorial Caribe, 2003), p. 63, entrada **#3810**, s.v. "Lodebár", 2 Samuel 9:4: "sin pastos".

Capítulo 6

[1] *American Dictionary of the English Language*, 10ª Ed. (San Francisco: Foundation for American Christian Education, 1998). Facsímil de la edición 1828 de Noah Webster, permiso de reimpresión por G. & C. Merriam Company, copyright 1967 & 1995 (Renovación) por Rosalie J. Slater, s.v. "POSSIBLE" (Posible).

[2] Webster's, edición 1828, s.v. "POSSIBILITY" (Posibilidad).

[3] *Houston Chronicle*: Knight-Ridder Tribune News, "Después de 100 años, las cosas están gelificando bien", 4 de marzo de 1997, p. 1C; David Lyman, Knight-Ridder Tribune News, "Postres coloridos marcan la primera centuria/100 años de Jell-O", 16 de abril de 1997, p. 1 F, reimpreso con permiso de Knight-Ridder/Tribune Information Services; Associated Press, "La familia obtuvo poco dinero con la venta de Jell-O en '99", 18 de mayo de 1997, p. 2D; como se informa en *In Other Words...* (6130 Barrington, Beaumont, Texas 77706), *The Christian Communicator's Research Service* 7, Nº 3, "Patience" (Paciencia).

4. Editorial Unilit, 1997, p. 211.

5. W. E. Vine, *Vine Diccionario Expositivo de Palabras del Antiguo y del Nuevo Testamento Exhaustivo*. Editorial Caribe. Colombia. 2005. "Diccionario expositivo de palabras del Nuevo Testamento", p. 618, s.v. "PACIENCIA, PACIENTE". **A. Nombres**. 1. *jupomone.*

CAPÍTULO 8

1. Strong, "Diccionario de palabras griegas del Nuevo Testamento", de la *Nueva concordancia exhaustiva...*, p. 94, entrada **#5485**, s.v. "**favor**" y "**gracia**".

2. Webster's edición 1828, s.v. "**mercy**" (misericordia).

Capítulo 9

1. El párrafo es de *Enjoying Where You Are on the Way to Where You Are Going* (Tulsa:Harrison House, 1996), p. 40.

CAPÍTULO 10

1. Vine, p. 657, s.v. "PERSEGUIR", **A. Verbo**. 1. *dioko.*

2. Un talento era un estándar realmente grande de medida. "Un talento parece haber sido el peso total que podía llevar un hombre (2 Reyes 5:23)". Merril F. Unger, *The New Unger's Bible Dictionary*, Ed. R. K. Harrison, (Chicago:Moody Press, 1988), p. 844, s.v. "talent" (talento).

CAPÍTULO 11

1. Strong, "Diccionario de palabras griegas", p. 44, entrada #2631 s.v. "condenación" .Romanos 8:1

2. Vine, "Palabras del Nuevo Testamento", p. 182, s.v. "CONDENAR, CONDENACIÓN". **B. Nombres**, 1. *krima*

3. Strong, "Diccionario de palabras griegas", p. 43, entrada #2607, s.v. "condenar". 1 Juan 3:20,21

4. Strong, "Diccionario de palabras griegas", p. 44, entrada #2613, s.v. "condenar". Mateo 12:41

5. Strong, "Diccionario de palabras griegas", p. 44, entrada #2613, s.v. "condenar". Lucas 6:37

6. Strong, "Diccionario de palabras griegas", p. 49 entrada #2919 s.v. "condenar", Juan 3:17

7. Vine, "Palabras del Nuevo Testamento", pp. 877-878, s.v. "TEMER, TEMEROSO, TEMOR". **D. Nombres**. 1. *fobos*

CONCLUSIÓN

[1.] Charles Finney, *Sanctification* (Fort Washington, Pennsylvania:Christian Literature Crusade, 1994 printing), p. 15

[2.] Vine, pp. 811-813, s.v. "SANTIDAD, SANTIFICACIÓN, SANTO, SANTAMENTE, SANTIFICAR". **A. Nombres**. 1. *jagiasmos*.

Acerca de la autora

Joyce meyer ha enseñado la Palabra de Dios desde 1976, y se ha dedicado al ministerio a tiempo completo desde 1980. Es autora de más de cien exitosos libros inspiradores, incluyendo *Adicción a la aprobación*, *Mujer segura de sí misma*, *Cómo oír a Dios* y *El campo de batalla de la mente*. También ha producido miles de estudios en audio, así como una biblioteca de vídeo completa. El programa de radio y televisión *Disfrutando la vida diaria*, presentado por Joyce, es difundido en todo el mundo; y ella viaja extensamente para impartir conferencias. Joyce y su esposo Dave son padres de cuatro hijos adultos y viven en la ciudad de San Luis, Misuri.

Para contactar a la autora escriba:
Joyce Meyer Ministries
P. O. Box 655
Fenton, Missouri 63026
O llame a: (636) 349-0303

Dirección de Internet: www.joycemeyer.org

Por favor, incluya su testimonio o la ayuda recibida de este libro cuando escriba. Sus pedidos de oración son bienvenidos.

En Canadá, por favor escriba a:
Joyce Meyer Ministries Canada Inc.
Lambeth Box 1300
London, ON N6P 1T5
O llame a: (636) 349-0303

En Australia, por favor escriba a:
Joyce Meyer Ministries-Australia
Locked Bag 77
Mansfield Delivery Center
Queensland 4122
O llame a: (07) 3349-1200

En Inglaterra, por favor escriba a:
Joyce Meyer Ministries
P. O. Box 1549
Windsor
SL4 1GT
O llame al: 01753 831102

Las cosas más valiosas y hermosas
en nuestra vida, usualmente pasan
desapersibidad, por nosotros mésmos

https://sis.mybps.org/aspen/index.html

mgaffny@bostonpublicschools.org